中华先烈人物故事汇

李兆麟

军事科学院解放军党史军史研究中心

学习出版社

中华先烈人物故事汇《李兆麟》编委会

目 录

Contents

引　子

李兆麟，原名李超兰，化名李烈生、孙正宗、张玉华、张寿篯。1910年11月2日出生在辽宁省辽阳市灯塔县铧子镇后屯村的一个农民家庭。6岁入读私塾，13岁高小毕业，半耕半读2年多后，因父亲去世辍学务农。他自幼聪颖好学，多才多艺，是村里的“小秀才”，因热心助人、敢于伸张正义，19岁时被乡亲们推举为副村长。1930年开始接触和参加革命运动，曾到北平西郊门头沟煤矿进行抗日救国的宣传工作。

九一八事变后，李兆麟赴北平加入东北民众抗日救国会，1932年2月受党组织派遣回到家乡，组建抗日义勇军第24路军，5月加入中国共产主义青年团，同年转入中国共产党。他带领所部在辽阳一带开展反日武装斗争，消灭了“洪盛团”“南大会”两支反动武装。随后，与沈阳附近各路义勇军联合作战，突袭沈阳，焚烧了日军汽油库和东塔机场。后因日军重兵“围剿”，第 24 路军被打散。12 月，受中共奉天特委指派，李兆麟先后到本溪、沈阳从事地下斗争。

1933 年 6 月，因中共奉天特委遭敌破坏，李兆麟北上哈尔滨，被中共满洲省委任命为省委军委负责人，参与创建珠河反日游击队，并于 1934 年 4 月任该游击队副队长，之后与队长赵尚志一起，组织了攻打宾州、攻克五常堡等战斗。1935 年 1 月，东北人民革命军第 3 军成立，李兆麟先后任第 1 师第 2 团、第 1 团政治部主任，率部开展反敌“大讨伐”斗争，取得了攻克南刁翎镇、林口镇、二道河子等战斗的胜利。

1936 年 1 月，李兆麟任新成立的东北民众反日联合军总司令部的总政治部主任、东北人民革命军第 6 军代理政治部主任。3 月，任第 3 军、第 6 军留守处主任，率部奇袭老钱柜等日伪据点，组织军民在汤旺河一带建立密营和军工厂，创办东北民众反日联合军政治军事学校和联军电信学校，建成了相对巩固的后方基地。

1937年卢沟桥事变爆发后，李兆麟响应党的抗日主张，指挥第6军第3师配合汤原县民众举行抗日反“满”大暴动，率领抗联部队广泛开展抗日斗争，积极配合全国抗战。1938年年初，日伪当局疯狂进行“三江大讨伐”，北满抗联部队损失严重、处境艰难，为突破敌人包围、开辟新的游击区，北满抗联部队从7月开始分3批西征。12月初，李兆麟率第三批西征部队顶风冒雪，忍饥挨饿，历尽千难万险，翻越小兴安岭，最后一批抵达海伦。

1939年5月，东北抗日联军第三路军成立，李兆麟任总指挥。在日伪当局大举“讨伐”的严峻形势下，李兆麟指挥第三路军，纵横驰骋于大小兴安岭和黑嫩、松嫩平原，与日本侵略者顽强作战，攻讷河、打克山、克肇源，令敌寇胆寒，令民众振奋。

1941年11月，鉴于部队困境一时难以转变，为保存实力继续战斗，李兆麟率领第三路军主力进入苏联整训，协助周保中组建抗联教导旅，并担任政治副旅长。他和周保中一边组织部队整训，一边派遣小部队回东北开展侦察活动，为配合苏军反攻东北做了充足的准备。

1945年8月15日，日本宣布无条件投降。9月5日，李兆麟率百余名抗联干部随苏军进驻哈尔滨，先后任中共滨江工委委员（后为松江工委委员）、滨江省副省长、中共中央东北局北满分局委员、中共哈尔滨市委常委、中苏友好协会会长等职。为建立巩固的东北根据地，他将全部精力投入到建党建军建政工作中，与国民党在东北地区的反动统治展开针锋相对的斗争。1946年3月9日，李兆麟被国民党特务暗杀，时年36岁。

李兆麟用鲜血擦亮了人民的眼睛，唤起了人民的觉醒。他把一生献给了中华民族的解放事业，为东北抗日斗争立下了汗马功劳，为争取和平民主洒下了满腔热血，为建立独立民主和平富强的新中国作出了突出贡献。

勤奋少年 志存高远

村里的“小秀才”

距离辽宁省辽阳市灯塔县城 10 多里的地方，有座不高的山，名叫二龙山，山脚下有个小村子叫小荣官屯（今后屯村），村中间一宅方方正正、整洁开阔的小院里，一幢青砖砌墙、茅草结顶的民房，正房三间，东西厢房各两间，院内两边的水井、马棚、石磨等一应俱全，可以看出，这里曾住着一户生活比较殷实的普通人家，它就是著名抗日将领李兆麟的故居，至今还保存着当年的风貌。如今已成为当地的爱国主义教育基地。

1910年11月2日，李兆麟就出生在这里。他的父亲李文彬，毕业于日本高级警官学校，是一位有文化有见识的能人，长年在外做事谋生。母亲杨长秋，是位淳朴的农村妇女，贤惠善良，待人厚道，平日里既忙地里的农活，又承担着家里的全部重任，是邻里公认的持家好手。李家喜得贵子，给一家人带来了无尽的欢乐，尤其是爷爷李春阳更是乐得合不拢嘴，主动要给大孙子起名字。于是，孩子的小名叫长生（小生子），大名叫李超兰。一家人以名托福，希望孩子长大后做人中君子，品德如兰草一样高雅。后来因革命工作的需要，李兆麟曾用过李烈生、孙正宗、张玉华、张寿篯等名，李兆麟是他在东北光复后使用的名字。

李兆麟小的时候，常听爷爷讲有关他“闯关东”的故事。原来，爷爷本是山东人，清朝末年，由于山东连年受灾，加上战争不断，贫苦农民挣扎在死亡线上。为了寻求一条活路，他和乡亲们一起“闯关东”来到东北辽阳。开始时，以租种旗人庄园为生，后来冒着清王朝的禁令，私自开垦了几亩荒地以维持一家人的生活，日子从此慢慢好了起来，可以不再去租种旗人的土地，经受剥削。但好景不长，开垦出来的荒地刚刚种熟，却被旗人买通官府，家人无缘无故地吃了一场官司，辛辛苦苦开垦的几亩荒地被强行没收。一家人的生活来源没了，只好又去租种地主的土地，忍受地主的剥削。

爷爷明知自己有理，但在那暗无天日的社会里，穷人有理也无处申诉，有冤只能往肚里咽。通过这件事，爷爷也明白了一个道理：在这个世道上，穷人之所以受欺压受剥削，是因为没有文化。于是，他和奶奶商量，决定省吃俭用，再苦再累也要让孩子去读书。只有让孩子读书、入仕，将来才有出头之日，才有可能改变家族的命运。所以，李兆麟的父亲从小就被爷爷送去读书，一直读到从日本高级警官学校毕业。

李兆麟刚满 6 岁时，父亲李文彬延续长辈的教育理念，就把他送到本村私塾读书。李兆麟的启蒙老师张武亭，是一位非常严厉认真的教书先生，要求他背《三字经》《百家姓》《千字文》《弟子规》等启蒙教材，李兆麟从不偷懒，很快就把这些内容背得滚瓜烂熟，还找来其他的书籍阅读。他不仅从小就打下了传统文化的底子，还养成了勤于学习和思考的好习惯。

李兆麟在私塾里读了一年，第二年就转入邻村大荣官屯初级小学就读。当时，正值新文化运动蓬勃发展，也是新式小学的教学内容处于新旧并存时期，学校里有许多思想进步的老师，除了传统的书籍外，还有许多进步的书籍可阅读，这给酷爱学习的李兆麟创造了启迪思想、开阔视野的好机会。李兆麟爱看书，凡是在学校能借到的书，他都要借来看，每当借到书，他都爱不释手、废寝忘食地阅读。一次，他从学校借到一本《说岳全传》，回到家就如饥似渴地看了起来。天黑了，家里没有钱买煤油点灯，他就在院子里借着月光读。爷爷看到后心疼地说："这样会把眼睛看坏的，长大后还怎么做事？"于是，就把家里的食用油作灯油，点上供他读书。岳飞出征抗金、收复失地的故事，深深吸引着他，他暗下决心，长大后也要像民族英雄岳飞那样，为国家出力，为穷苦大众做事。

祖辈们“闯关东”的辛酸史，民族英雄不屈不挠的战斗精神，在他幼小的心灵里埋下了一颗坚毅的种子，加之爷爷奶奶和父亲母亲的教育和影响，他从小嫉恶如仇，有很强的正义感，看不惯官府欺压百姓的事，看不惯地主豪绅对穷人的剥削，发誓长大后一定要去改变这不公的社会，因此，学习更加刻苦勤奋。

1920 年春，李兆麟考入辽阳县立吕方寺高级小学第 15 级学习，成为小荣官屯在该校唯一的一名学生。他非常珍惜来之不易的上学机会，学习十分勤奋和用功。他的学习成绩一直很好，稳居班级前三名，深受老师青睐和同学羡慕。

李兆麟与同龄少年相比，兴趣广泛，好奇心强，悟性也高，学校里办有绘画班，他去学画画；学校里开设音乐课，他去学吹洞箫。每学一门内容，他都学得像模像样。乡邻们见他能写善画，谁家买田卖地、婚丧嫁娶，都找他写契约、对联等，他来者不拒，村里的大娘大婶们还让他帮着描绣花和鞋垫的图样。他是村里有名的“小秀才”。

热心的副村长

1923 年，13 岁的李兆麟高小毕业。由于家境困顿，经济拮据，他不能继续在县城升学读书了，只好回到大荣官屯，在李昶先生开办的私塾里一边学习四书五经，一边早起晚归做些农活，过着半耕半读的学习生活。1926 年，父亲因受官司牵连被关进监狱，不久便去世了，这对本来就不富裕的家庭来说雪上加霜。家里失去了顶梁柱，李兆麟连半耕半读也不能维系，被迫辍学回家务农。

他承担起了家里的重担，开始学习干农活。每天繁重的劳动虽然很累，但始终没放弃读书的习惯，忙里偷闲读点书，成为他生活中最惬意的事。一次，他借到一本关于大禹治水的书，读完后深深地被大禹那种敢为人先、战天斗地、为民谋事的精神所感动，同时也对他的杰出贡献由衷地佩服。于是，李光麟决定对大禹完成的伟大事业进行细心研究。他认真研读了大禹治理江河的有关记载，以及完成的伟大工程，并把这一伟大工程业绩在一张宣纸上绘制成一幅《大禹治水图》挂在家中的墙上，图上详细标明了大禹治水经过的地区、走过的地方，蝇头小楷工整娟秀，标注的地名、山名密集而清晰。李兆麟每当看到大禹躬亲为民行劳苦、率民治水 13 年的丰功伟绩，心里就不断憧憬着自己也要为天下的穷苦百姓做点实实在在的事。

一次，李兆麟见邻村的一位老大娘坐在地头伤心地哭泣，他连忙上前关心询问，原来是她丈夫去世后，家里仅有的几亩耕地被同族侄儿霸占，她和女儿失去了这唯一的生活来源，几次同侄儿理论想讨回自己的耕地，侄儿不但不给，还把她撵了出来。老大娘无奈之下，跑到自己地里来哭诉。

李兆麟听后，非常同情母女俩的遭遇，决定帮助她们打官司要回耕地。他给老大娘出主意、帮她写诉状，告其同族侄儿欺孤灭寡之罪。很快，官府判决其侄儿归还霸占的耕地。李兆麟帮老大娘打赢了官司，母女俩万分感激，把这位素不相识却帮忙伸张正义的年轻人视为救命恩人，逢人就讲，见人就夸。此事也在当地引起了很大的反响，李兆麟的正义之举受到老百姓的交口称赞。

李兆麟不仅为人正直，做事也踏实。他头脑灵活，会经营，吃得了苦。农忙时，把家里的几亩地打理得顺顺当当，粮食年年丰收；农闲时，到县城做些小生意，几年下来，家里的日子很快红火起来，垒起了小院，盖起了新房。他 17 岁那年，还娶妻成家立业。妻子叫李树香，夫妻恩爱和睦，让全村人十分羡慕。

1929 年，大荣官屯村长张复俭欺侮百姓、勒索民财，引起了乡亲们的强烈不满，但慑于他的威势，大家又都敢怒不敢言。李兆麟知道后非常气愤，主动找到村长当众质问，在大量铁的事实面前，村长哑口无言，只好承认自己的错误，并表示以后要好好地为百姓做事。乡亲们见李兆麟一身正气，敢于主持公道，能替百姓说话，又能写会算会画，还会讲能唱，是一位热心能干的小伙子。于是，村民一致推举他担任了大荣官屯的副村长。

副村长虽说官不大，却事关百姓的疾苦，当好了就是百姓的主心骨。李兆麟十分关心村民，谁家遇到困难，他总是有求必应、倾囊相助；谁家要有大事小情，他都主动出面，帮忙张罗，召集左邻右舍互帮互助。担任副村长时间不长，他就把乡邻间的关系搞得十分融洽。他还组织大家修桥铺路、救助贫困、扶助孤寡，做了不少解难帮困的好事。

有一天，村公所一位姓梁的保丁，以介绍职业为名，要把村民老刘头的女儿介绍到辽阳县城做事，老刘头感激不尽，还收了订金。等女儿要走的那天，老刘头才知是骗女儿到城里进窑子（妓院），这时老刘头死活也不让女儿去。

李兆麟得知情况后，赶紧跑来厉声质问梁保丁："你为啥骗老刘头，把人家的女儿往火坑里推？"

梁保丁狡辩道："老刘头是自愿的，让我把她女儿介绍到城里去工作，你情我愿的事，你管得着吗？"

老刘头愤怒地说道："你不是说去给人当丫头吗，哪知道你是去卖给窑子！你这不是在害我女儿

吗？你怎么能做这样的缺德事呀！”

梁保丁见状，拿出契约来，要老刘头退钱。老刘头因家里急用钱，早把钱花光了，一时也拿不出来钱退还。

梁保丁说道：“不退钱，我今天就领人！”老刘头一听，又恨又怕，禁不住老泪纵横。

李兆麟见此情形，严厉地对梁保丁说道：“你等着！”说完就跑回家里把妻子压箱底的 40 元钱取来，还给了梁保丁，并把梁保丁赶出了村公所。

李兆麟虽然岁数不大，但做事有头脑，办事有章法，为人热心，公道正派。他担任副村长才一年多的时间，却赢得了全村百姓的信赖和拥护，在十里八村很有名望。

投身革命洪流

李兆麟主事公道、热心为民的事传出后，前来找他出主意、求帮忙的人越来越多。听说他的为人和能力，慕名而来和他交朋友的也不在少数。1929年秋的一天，李兆麟舅舅村里的一位青年人李秾儒专程来找他，两人一见如故，共同的理想和爱好，使他俩越谈越投机。李兆麟的机智和实干精神，让李秾儒十分欣赏；李秾儒的学识和新思想，使李兆麟心头豁然开朗。

李秾儒原来是一位留学日本农林学校的学生，在日本学习期间加入了共产党，因进行革命活动，被日本当局驱逐出境。回国后，受党指派，他在家乡辽阳、哈尔滨等地继续从事地下革命活动，宣传马克思主义，传播革命思想，团结和动员有志青年起来参加革命。在与李秾儒的密切交往中，李兆麟的思想受到很大的影响和启迪，他知道了马克思主义，知道了中国共产党，并十分赞同共产党救国救民的主张。特别是中国共产党领导的东北革命斗争，让李兆麟兴奋不已，他一直以来苦苦思索的问题，终于从共产党的纲领、共产党的组织和共产党人的身上，看到了国家的前途和民族的希望。在李秾儒的启发和引导下，李兆麟积极投身到革命的洪流中来，开始秘密参加共产党组织领导的一些宣传活动。

他积极参加各种集会，动员受压迫、受剥削较深的劳苦大众和有志青年行动起来，勇敢地同帝国主义和国民党反动统治作斗争。1930 年 4 月的一天，李兆麟在散发革命传单时，被国民党当局警察抓捕，关押了一些时日后，因无法证实他是共产党，就把他无罪释放了。

李兆麟被放出不久，在北平读书的姨夫张一吼正好回家探亲，他听说了李兆麟的事，觉得他是一位很值得培养的年轻人，便主动和他联系。张一吼曾考入东北讲武堂，毕业后在东北军中任营长，因部下哗变被革职。后来又考入中国大学文学系学习，他在北平读书期间加入中共地下组织，从事革命活动。

张一吼十分赞赏李兆麟的革命行动，向他介绍了国内革命斗争的形势和同国民党反动派开展斗争的方法，鼓励他要为理想而奋斗，为救国救民而努力，还送给他许多马列著作和进步书刊。李兆麟如饥似渴地阅读，开阔了视野，思想觉悟不断提高。

1930年暑期，经张一吼介绍，李兆麟认识了从北平来辽阳养病的中共党员翟乐全。翟乐全学识渊博、阅历丰富，曾参加过五卅运动。他向李兆麟详细讲述了五卅惨案发生的背景和经过，两人时常围绕民族危难、救国救民之事彻夜长谈，各抒己见。共同的理想和愿望，使他们成为无话不谈的挚友。

在与翟乐全接触4个多月之后，李兆麟跟着共产党投身革命事业的信念更加坚定。翟乐全返回北平时，李兆麟很想和他一起走，但因家里庄稼没收完，未能成行。等粮食刚一入仓，李兆麟就迫不及待地告别母亲和妻子，离开家乡来到了北平。

经翟乐全、张一吼介绍，李兆麟被地下党组织安排到北平中国大学学习，他以学生身份作掩护，秘密从事革命活动。在党团组织的领导下，李兆麟先是来到北平西郊门头沟煤矿，深入煤矿工人了解他们的疾苦，鼓动煤矿工人积极行动起来，为反抗资本家的残酷压榨和剥削、争取合法权利而斗争。李兆麟工作积极主动，进步很快。

随后，李兆麟又被安排从事革命书籍、进步报刊和党的宣传品发行工作。这是一项十分重要且危险的工作。一旦出现问题，不仅人员暴露受迫害，还会给革命事业造成莫大损失。他深知这项任务的责任与分量，在发送报刊或散发传单时，既胆大心细，又遇事机智应变，多次巧妙地躲过敌特的搜捕。

有一次，李兆麟乘公共汽车运送一箱传单到北平西郊，路过西直门时，被侦缉员拦住查问："这箱子是谁的？"

"是我的。"李兆麟镇静地回答。

"里面是什么？"

"是我同学的衣物和书籍。"

"打开看看！"

"钥匙不在我这儿。"

"必须打开检查！"侦缉员强硬地说道。

"一定要看，那你就撬开箱子看吧，可别把皮箱撬坏了，损坏了是得赔的啊。"李兆麟装出若无其事的样子。

侦缉员见他一脸坦然，镇定自如，一身书生

气，认定也不会有什么违禁品，就没有强行检查。汽车到了站，李兆麟拎起箱子，昂首阔步地走了。

在严峻的对敌斗争中，李兆麟的经验越来越丰富，胆识不断增强，思想也逐渐成熟起来。

回乡抗日 转战北满

组建第 24 路义勇军

1931 年 9 月 18 日，蓄谋已久的日本帝国主义发动了九一八事变。由于国民党政府奉行“不抵抗”政策，在短短 4 个多月时间内，日本侵略军就侵占了东北三省，并扶植成立伪满洲国傀儡政权，对东北人民实行野蛮殖民统治。在民族危机的严重关头，中国共产党率先高举武装抗日的旗帜，号召全国人民动员起来，以民族战争将日本帝国主义驱逐出中国。

辽阳与沈阳接邻，是九一八事变后最早沦陷

的地区之一。李兆麟此时正好回了一趟家，目睹家乡在日军的铁蹄下遭受蹂躏的惨景，同时也看到辽阳人民誓死不当亡国奴，纷纷自发组织抗日队伍，奋起抗击日本侵略者的可喜情景。这让李兆麟备受鼓舞，积极投身到“杀敌救国复山河”的行列中。这时，他接到张一吼来信，说北平成立了东北民众抗日救国会，希望他尽快回北平，参加和组织抗日救亡活动。李兆麟见信后，又惊又喜，但心里又十分矛盾。自己已在抗日的第一线参加家乡人民的抗日斗争，放弃眼前的斗争到北平去参加活动是否妥当呢？经过仔细思考，李兆麟觉得，面对凶残的日本帝国主义的狼子野心，抗战不是一时一地的事情，必须唤起全民族的觉醒，号召全国人民起来反抗共同的敌人。他说服家人，卖掉家中一车大豆作路费，匆匆赶往北平。

李兆麟来到北平后，化名李烈生，随即投入东北民众抗日救国会的活动。当他见到中共地下党员、时任救国会常委的冯基平等人时，急切地向他们汇报了辽阳民众自发武装抗日斗争的情况，并提议请党组织派人过去组织和领导东北那些松散的抗日武装队伍，表示自己愿意返回家乡参加抗日斗争。冯基平十分赞许李兆麟的想法，并将他的提议向中共河北省委作了汇报。

1932年2月8日，根据中共河北省委、北平市委的指示，冯基平、李兆麟等人来到辽阳地区组织抗日武装力量。他们先是来到铧子乡小堡村一带，对当地的抗日武装情况进行调查走访和摸底。原来，辽西、辽南义勇军兴起较早，辽阳、沈阳、本溪一带有许多支义勇军、山林队等抗日武装，仅辽阳就有义勇军3000多人。这些自发组织起来的抗日队伍，各据一方，各自为战，没有统一的领导和指挥，不时因活动地盘等问题发生纠纷，严重削弱了对敌斗争的力量。冯基平和李兆麟等商量决定，由李兆麟以抗日救国会的名义，借助人地两熟的优势，利用同乡、同学等关系进行串连，联合地方各抗日武装力量，组建统一的抗日义勇军。

当时的其他各义勇军和山林队等，成分复杂、组织松散，要想把他们联合起来并非易事。李兆麟权衡再三，决定把“三省”抗日山林队作为首个争取的对象。这支队伍的首领叫张允良，是旧军人出身，有较强的民族自尊心。他的队伍成员大多是贫苦农民，与当地群众关系比较密切。于是，李兆麟骑着自家的白马，登门拜访张允良。第一次约见没有谈成，因张允良对李兆麟还不是很了解，但对李兆麟的想法还是基本接受的。于是李兆麟又去找他，动之以情，晓之以理，耐心地向他宣传抗日救国的道理，劝他带领队伍加入义勇军联合起来抗日，终于张允良被说服，同意改编自己的队伍。有了良好的开端和张允良的示范效应，李兆麟紧接着又将以煤矿工人为主体的“燕子队”争取了过来，随后又把“长江队”“平日队”“穿山虎”等都联合了起来，在当地产生了很大的影响。

有的山林队，虽然打着“抗日”旗号，却干着土匪的勾当。为了团结和争取更多的抗日力量，李兆麟不顾危险一个个地去做他们的工作。有一次，李兆麟想去收编一个具有土匪性质的山林队，他只身前往要求见他们的头目，刚一接触，还没等李兆麟说上几句话，就立刻遭到山林队头目的拒绝，头目还怀疑李兆麟是奸细，是想借联合抗日之名吞并他们，遂下令将李兆麟绑了起来，还威胁着要把他推出去枪毙。

面对恐吓和威胁，李兆麟严厉地说道：“你枪毙我算什么能耐，有本事去打日本人呀！我们都是中国人，我们的家乡被日本人占领了，咱们还在搞内斗，这么搞下去咋能不亡国？咱们手里的枪，应该去打谁？”

“当然要打侵略咱们的日本鬼子啊！”山林队头目怒气冲冲地回答。

“孤掌难鸣，独木不成林。你的队伍只有百十杆枪，势单力薄，凭一己之力单打独斗，能是日本鬼子的对手吗？”

几句话问得山林队头目哑口无言。李兆麟见他无话可说，又心平气和地说道：“大家各打各的，力量分散，迟早会被敌人各个击破，一口口吃掉。是个有良心的中国人，都不会看到咱们国破家亡，咱们若能联合起来，组成一支力量强大的义勇军队伍，就有希望将日本侵略者驱逐出去。只有家园光复了，咱们老百姓才能不受日本人奴役，过上太平日子啊！”

听了李兆麟的这番话，山林队头目虽有所

触动，但仍不想放弃他“山大王”的生活。对于李兆麟在当地的影响和威望，他早有耳闻，知道有的山林队已跟李兆麟联合了起来，头目未立即答应李兆麟的劝说，而是将他送出了门外。

碰了钉子的李兆麟没有就此放弃，过了几天，他又去耐心地劝说和动员，最终也将这支武装争取过来了。

经过近一个月的努力，建立一支统一的抗日义勇军队伍的条件基本成熟。李兆麟就将争取的关键对象，放到了辽阳二区（烟台区）区长苏景阳身上。

苏景阳是辽阳当地的大地主，手下有一支200多人的民团骑兵队，装备比较精良，在当地有一定的影响。若能争取他一起抗日，对辽阳地区的抗日斗争，会起到比较大的引导和带动作用。

李兆麟在大荣官屯当副村长时，曾与苏景阳有过交往，苏景阳十分欣赏李兆麟的才干，尤其是听说李兆麟回乡整编山林队的事情后，更是刮目相看。于是，李兆麟约好时间特地前去拜会他。

两人一见面甚是高兴。交谈时，他们对日寇对东北土地的践踏和侵略都忧心忡忡，但看到纷纷自发组织起来抗日、不当亡国奴的东北民众又表示出莫大的欣喜。李兆麟趁机将共产党领导全国人民抗日斗争的形势，北平组建东北民众抗日救国会的情况，以及准备组建东北抗日义勇军的想法，向苏景阳作了详细的介绍。最后说道："大家团结起来抗日救国，这是功在国家、名垂青史之事。苏区长一向爱国，又是一方长官，在咱们这个地方有名气，有影响力，若你能出面领导抗日是最好的。"

苏景阳被李兆麟的拳拳爱国心所打动，当即接受了他的建议，同意自己的民团骑兵队加入到抗日义勇军的武装队伍之中。

1932 年 3 月，李兆麟在辽阳县三家子（今灯塔市柳河子乡）主持召开了由义勇军、山林队、民团首脑等 50 余人参加的联席会议，经过充分酝酿和讨论，宣告正式成立东北民众抗日义勇军第 24 路军，将分散的抗日武装整编为 5 个支队 2000 余人。

会上，李兆麟宣布了东北民众抗日救国会颁发的委任状，委任苏景阳为司令。由于苏景阳胆小怕事，也未到任履行职责，实际指挥之职责由担任联络员的李兆麟代行，包括苏景阳的骑兵队也由李兆麟直接掌握。

由于李兆麟的出色表现，1932 年 5 月，他加入中国共产主义青年团，同年转入中国共产党。

驰骋辽南打奉天

第 24 路军成立后，李兆麟带领部队在以小堡为中心的辽阳、奉天（今沈阳）、本溪一带开展抗日斗争。为了扩大部队的影响，鼓舞部队的士气，打击敌人的嚣张气焰，他们把打击的首战目标确定为歼灭汉奸土匪“洪盛队”。

“洪盛队”是一支土匪队伍，平时鱼肉乡里，残害百姓，当地群众恨之入骨。九一八事变后，其头目李秉权很快就被日军收买，他心甘情愿地当起了汉奸，公然打起日本国旗，用日军发给的武器袭击抗日部队。

“洪盛队”所部驻扎在辽阳东北角的韭菜台、土门子、周官屯3个地方，形成互为掎角、配合作战的有利态势。李兆麟查明情况后，决定派各支队将其分割包围，先以优势兵力攻打土门子和周官屯，然后集中力量对付韭菜台。虽然敌人在装备上占有优势，但战斗力不如刚组建起来的义勇军。经过三天三夜的激战，除李秉权等少数匪徒逃走外，“洪盛队”300余人被歼。

“洪盛队”被歼灭后，百姓莫不拍手称快，平日里耀武扬威的汉奸亲日派，惶惶如惊弓之鸟。日军闻讯后，派出铁道守备队，准备进攻抗日义勇军驻地，并指令吴国璧的自卫团前来配合。

吴国璧是日本人控制下的鞍山矿的一个管事，矿长久留岛曾任日本关东军工兵司令。在久留岛的扶持下，吴国璧用中国工人的血汗钱圈地盖房，修建了一座阔气的四合院，还组建了一支70余人的自卫团，人手一支“三八大盖”，这在当地算是有头有脸、八面威风的人物。“洪盛队”的覆灭，让吴国璧心中有些惶恐不安，四处派人打听义勇军的动向。

李兆麟了解吴国璧的情况后，认为他不会帮日本人打自己人，于是冒险登门拜访，劝他弃暗投明，参加抗日队伍。

吴国璧对矿长久留岛的帮助和扶持，一直心怀感激，但一想到“洪盛队”的下场，就有些不寒而栗。从内心来讲，他不想当汉奸，让乡亲们唾骂，心中有些犹豫不决。李兆麟看出了他内心的矛盾和摇摆不定的态度，有“脚踩两只船”的打算，就继续晓以大义，剖陈利害。经过李兆麟耐心劝说和疏导，吴国璧最终同意共同抗日，答应将自卫团交由李兆麟调遣。当晚，在李兆麟率领下，自卫团开至二龙山和贵子山，配合义勇军伏击日军守备队。

这次伏击战斗，从晚间一直打到拂晓，义勇军大获全胜，缴获了日军炮车 2 辆和大批枪支弹药。

幸存的日军逃回营地后，立即将吴部“反叛”之事报告久留岛。久留岛觉得，依仗自己发家的吴国璧，绝对不会和自己作对，一定是有人冒充使诈，扰乱军心，决定亲自前去探个究竟。于是，他骑马来到吴家。吴国璧一边“热情招待”，一边派人向李兆麟报告。李兆麟立即率领手枪队赶到，将久留岛活捉，秘密押往第 24 路军军部。

久留岛被捉后吓得魂不附体。他为了保全性命，提出了不杀自己的要求和条件。李兆麟等人经过反复研究认为，如果处决了久留岛，必然会引起日军的血腥报复。为保护人民群众的安全，同时利用久留岛求生心切，更好分化瓦解敌人，在久留岛作出“不打义勇军，义勇军要枪给枪，要钱给钱”的具结书后，就将其释放了。

随后，李兆麟又将下一个目标锁定“南大会”。“南大会”是以王荣阁为首的汉奸地主武装，拥兵千余人，盘踞在东至本溪界、南至太河、西至铧子炭坑、北至柳河子一带，方圆 30 余华里。早在第 24 路军成立不久，“南大会”就勾结日本守备队，企图围攻第 2 支队。第 2 支队得知消息后及时撤退，使敌偷袭阴谋落空。为了及早清除这个毒瘤，李兆麟根据上级党组织的指示，指挥第 24 路军各部，联合其他抗日队伍，总计 2500 余人，将“南大会”盘踞的地区团团包围，经数日激战，一举将该敌歼灭，收复其盘踞的全部地区。

第24路军成立后，迅速出师抗日，连续取得了三战三捷的胜利，让日伪军极为震惊，也极大地鼓舞了辽阳军民抗日斗争的信心和决心，人民群众纷纷加入到抗日的队伍中来。

李兆麟等人趁势发动群众，组织建立了“反帝大同盟”“农民大同盟”“穷人会”“妇女会”“少年先锋队”等群众性抗日组织。李兆麟把联络地点设在自己的家里，带动全家人都投入到抗日活动中，妻子拿出家中仅有的80多元钱，买回2台油印机，用来印制抗日宣传单。在广大人民群众的支援配合下，第24路军不断壮大，一度发展到六七千人。

1932年7月，日本侵略东北的首脑机关从旅顺迁到了沈阳。此后不久，关东军又忙于走马换将，还四处派兵“讨伐”，到8月下旬，沈阳城内守备力量出现了相对减弱的情况。李兆麟立即联络其他义勇军领导人，决定趁机进行一次突然袭击。他们集结各路义勇军一万余人，兵分3路逼近沈阳，同时还联络城内部分伪靖安军和伪警做内应。

28 日晚 11 点，预定攻打的时间一到，李兆麟率领第 24 路军 1000 余人，从沈阳大南门勒石胡同发起进攻。他们冲破围城的电网，攻占药王庙至大南城门一带的哨所，逼近城南门。守城的伪警察稍作抵抗后，见势不妙，便纷纷缴械投降。同时，城东的义勇军，也向大东航空处（东塔机场）发起了进攻，在守卫机场内线伪军的策应下，点燃了多架飞机，然后又一鼓作气袭击了关东兵工厂、北大营日军军营和伪第七警察分局。从北路进攻的义勇军，占领了大北边门外的大部分地区后，在北大营击毙日伪军数十人。

四面八方的枪炮声，使城内的日伪军惊慌失措，一时成了无头苍蝇，连忙出动坦克和大炮仓促应战。伪警务厅厅长齐恩铭亲自出城督战，结果汽车被炸，慌忙弃车逃命。

义勇军成功袭击沈阳城后，没有盲目恋战，在缴获大量枪支弹药和急需的军用物资后，迅速撤出了沈阳城。这次攻打沈阳，给日本关东军司令部以迎头痛击，轰动了全中国，东北义勇军也因此名扬四海。

义勇军的频繁出击，特别是袭击关东军司令部所在地沈阳之后，使日本侵略者感到了严重威胁。他们把“剿灭”抗日义勇军作为头等要事，调集重兵进行疯狂“追剿”。这对于成立不久的第24路军来说是难以应对的。李兆麟带领部队几经转移，仍不能摆脱日伪军的围追堵截，于是部队化整为零，进行分散活动。由于敌我实力对比悬殊，加之个别意志不坚定分子的通敌出卖，第24路军的处境日渐恶化。至11月，成立才8个月的东北民众抗日义勇军第24路军宣告解体，辽阳人民抗日斗争暂时陷入低潮。

坚持地下斗争

1932年12月，李兆麟受中共奉天特委的派遣，化名孙正宗，以矿工身份为掩护，秘密潜入本溪湖煤矿，在工人群众中做宣传，组织和发动工人群众对敌开展斗争。

本溪湖煤矿最早是中日双方控制下的一座大型煤矿，九一八事变后，实为日本人所侵占，生产的煤炭全部被运往日本。日本军队驻扎在本溪湖煤矿，强迫几千名中国工人进行残酷的劳动。因此，这里的工人劳动强度最大，受剥削和受压迫的程度最深。为加强党对工人运动的领导，李兆麟来到这里不久，便与同时派进煤矿的两名地下党员研究决定，秘密建立一个临时党组织——中共本溪工作委员会，李兆麟被选为负责人。这是本溪地区第一个共产党的组织。

为便于更好地接近广大工人群众，李兆麟主动要求加入矿工队伍，和矿工们一起下煤井，舞动丁字镐，挥起大铁锹，干着十分沉重的挖煤、背煤、扛木头的活儿，每天弄得满脸乌黑，只有两只眼珠闪闪发亮，他成了地地道道的“煤黑子”。

工友们很快发现，这个新来的孙工友与别人不一样，不但干活灵活、能吃苦，还特别能关心人。他经常找大伙唠家常，对大家问寒问暖，谁要是遇到了困难，他总是主动上前帮忙。遇到工友生病，他放弃难得的班后休息时间去照顾，还拿出自己仅有的一点钱接济困难矿工。矿工们对他越来越信赖，有什么话都愿意找他说，有什么主意都愿意找他拿，都视他为可以依靠和托付的兄弟。

在煤矿劳动期间，李兆麟和其他矿工们一样，受过日本监工的气，挨过工头的打，吃过发霉的窝窝头。惨遭奴役的经历，使李兆麟对矿工苦难境遇和内心期盼有了更深的了解。为提高矿工们的思想觉悟，唤醒他们的斗争意识，号召大家团结起来抗日救国，李兆麟一有机会就给他们讲全国抗日斗争的形势，以及东北其他地方与日本侵略者开展斗争的故事，揭露日本帝国主义侵略中国的野心，痛诉日本侵略者残酷奴役中国工人的罪行。通过他的启发和宣传，工友们开始觉醒了，不再一味地忍受日本资本家及工头们的任意欺压。在李兆麟的组织下，矿工们成立了抗日救国会，越来越多的进步工人被团结在党的周围，有的成长为对敌斗争的骨干，有的还被发展成为中共党员、共青团员。李兆麟组织大家书写和张贴反满抗日标语，在工棚、井下、街道散发传单，串联工人以消极怠工、破坏生产的行为，来反抗日本帝国主义的侵略和

“把头”们对工人的欺凌，还谋划了一场爆毁日本侵略者在南满的生产设施的行动。

1933年2月中旬，根据奉天特委的指示，中共本溪工作委员会改为中共本溪特别支部委员会，李兆麟任书记。不幸的是，由于沉重的劳动和紧张的工作，以及恶劣的生活环境，李兆麟患上了严重的肺病，有时吐血不止。在工人运动蓬勃发展之际，李兆麟不得不暂时离开战斗岗位，按照奉天特委安排，回沈阳休养治病。

李兆麟在沈阳一边治病，一边秘密开展工作。他以看病为掩护，利用出入北大营和东山嘴子伪靖安军兵营的时机，结识了一些伪军官兵。李兆麟不断向他们宣传抗日救国道理，并把愿意抗日的伪军编入秘密小组，准备策动哗变反正。他还利用关系，在沈阳兵工厂和肇新窑业公司开展工作，建立了青年团小组。5月，中共奉天特委任命李兆麟为军事委员会干事兼青年士兵委员会负责人。

正当发动哗变反正的条件逐渐成熟之时，1933年6月22日，中共奉天特委遭到敌人破坏，特委的领导人和许多共产党员被捕入狱。李兆麟的家被搜查，母亲和妹妹遭到逮捕。幸亏邻居一位大娘及时报信，李兆麟才得以逃脱。

由于和党组织失去了联系，在白色恐怖笼罩下，李兆麟无法继续活动下去，于是决定去哈尔滨寻找党组织。1933 年 8 月，他登上了去哈尔滨的火车。从此，李兆麟与家人彻底失去联络，再也没有回到家乡。

北上创建反日游击队

李兆麟到达哈尔滨的第二天，就在道外天泰客栈同中共满洲省委秘书长冯仲云接上了关系。李兆麟向冯仲云汇报了奉天特委被破坏的情况，谈到许多革命同志被捕入狱，可能面临酷刑和牺牲时，他的泪水夺眶而出。两位初次见面的革命战友，面对严峻的斗争形势，互相勉励，坚持战斗。

不久，李兆麟被中共满洲省委任命为省委军委负责人。受省委派遣，他化名张玉华，以省委巡视员的身份，前往海伦、巴彦、珠河等地指导工作。他走到哪里，就把党中央“建立抗日统一战线”的策略方针宣传到哪里、贯彻到哪里，帮助当地建立抗日组织。

10月初的一天，李兆麟巡视到珠河地区，这里的负责人是与他曾经一起战斗过的战友赵尚志。老战友相见，格外亲切。共同的事业和命运，使他们走到了一起，今天，他们又要为开创北满地区抗日救国的神圣事业并肩战斗了。李兆麟向赵尚志等人传达了中央的指示和省委的部署要求，并组织大家对建立反日游击队的问题进行研究，最后在充分讨论的基础上，就“队伍名义”“队内组织问题”“队伍经常斗争目标”“游击区的规定”“反日统一战线”等问题，形成了10项决议，为游击队建立和发展明确了目标、任务和方向。

10月10日，中共珠河县委在三股流召开大会，正式成立珠河反日游击队，赵尚志任队长。从此，珠河地区有了一支由党直接领导的抗日武装。

完成了对海伦、巴彦、珠河三地的巡视和游击队的建立后，李兆麟依依不舍地与老战友告别回到哈尔滨，向省委汇报了工作情况。但他心里一直放不下珠河游击队的建设，随后他又两次去珠河游击队进行考察和指导，先后向省委递交了 3 份关于珠河游击队建设情况的报告。

针对抗日队伍干部紧缺和能力不足的问题，中共满洲省委决定，在哈尔滨开办干部训练班，由李兆麟担任负责人兼教员。在日本法西斯严密统治下，为了尽可能隐蔽骨干，李兆麟几乎承担了训练班的全部组织和教学工作。他们时常变换讲课地点，多数时间是在省委交通员家里上课，有时在马家沟公园上课。在李兆麟的精心组织下，训练班取得了很好的效果，参加学习的学员，大多都成为领导抗日、坚持抗日的先进分子和骨干力量。

1934 年 4 月，李兆麟再次以省委巡视员身份来到珠河，参加县委的领导工作并担任珠河游击队的党代表。这时，珠河游击队已成立半年多，打了不少的胜仗，眼下正计划攻打宾州城。

宾县县城是哈东重镇，位于珠河县北面，城墙高大，防御系统完备，向来易守难攻，日伪军防守又严密。2 月，珠河反日游击队曾攻打宾州未果，付出了一定代价。为吸取上次的教训，李兆麟和赵尚志召开军事民主会，让大家讨论攻打宾州失败的原因，研究新的攻城战法。

有的说："宾州城城墙太高，云梯上不去，要是挖地道钻进去也许行。"

有的说："我们没有大炮，摧毁不了敌人城防工事，就打不进宾州城。要是弄几门大炮就好了，朝宾州城上轰上几炮，城里的那些日本鬼子和伪军就得乖乖投降。"

大家的话语启发了赵尚志，他接过话说："没有大炮，我们可以自己造啊。"

"啥？赵司令，我们能自己造大炮？"大家哈哈大笑起来，都觉得赵尚志说的是天方夜谭。

李兆麟听后，突然说道："大炮我们造不了，我们可以造土炮啊。"

"对，造不了钢炮，我们就造木炮嘛……"赵尚志兴奋地看着李兆麟，接着说道，"我听说过当年义和团、大刀会抗击白俄老毛子的时候，就用过木炮。"

李兆麟说："我们可以抓紧时间造个试试，哪怕能造出一门炮也好啊。”

于是，战士们弄来一根有碗口粗、7尺长的铁管子，利用古代火炮的原理设计了一门土炮。他们在铁管子外面镶上湿柳木，用多道铁圈箍紧，再用一道道铁丝缠绕，捆扎得结结实实。在炮尾钻有一个小孔，用于安装药捻。然后又用大块木头制作了一个炮架，再把炮刷成黑色，蒙上红布。老远看上去，与真炮无异，很难分清是钢炮还是土炮。

经过试验，木炮制造成功了，而且威力很大，一点也不次于大钢炮。

5月9日，珠河反日游击队和义勇军1600余人，分东、西、南3路向宾州城进发。游击队到达城墙附近后，按照李兆麟和赵尚志的战前部署，先是开展政治攻势。游击队战士们向伪军喊话：“伪军弟兄们，你们不要当亡国奴！中国人不打中国人！”

看到城外准备发起进攻的阵势，日伪军十分恐慌，1个小时内向哈尔滨打了7次电话告急，并不停地向城外无目标地射击。游击队一面唱着歌，一面高呼口号，一时声势大振。伪军长官听后十分恼怒，下令向城外射击。

游击队战士喊道:“伪军弟兄们快快投降吧!不投降就用炮轰城了。”

伪军长官听后笑了笑，说道:“弟兄们别听他们吹了，他们没有炮，只有皇军才有大炮。”

游击队战士们生气地骂道:“你们这些不知死活的东西，吹不吹你就等着瞧吧!待会儿叫你们尝尝滋味。”这一骂日伪军恼怒起来，又向城外乱射一阵。

凌晨 1 点多，日伪军情绪渐渐低落下来，日本守备队只得到处督战。他们走到哪里，哪里就打一阵枪，走过之后，枪声就稀落下来。此时土炮的射击准备工作已经就绪，炮口直指南门。2 点多，一声令下，操炮战士点火放炮，只见火光一闪，一声震天巨响，一条粗大火龙瞬间喷出，“弹丸”呼啸着冲向城门，城门和旁边的碉堡应声而倒，冰雹似的碎铧铁打得敌人惊慌失措，四处逃散。游击队冒着浓烟迅速冲入城内。

宾州战斗持续了一昼夜，歼敌 80 余人。天亮后，敌军援兵和飞机前来支援，游击队只好被迫放弃。虽最终未能克城，但这一辉煌战绩使游击队名声大振，尤其是“木炮打宾州，威震敌胆”的故事在东北大地广为流传。

宾州战斗之后，为缩小目标，李兆麟和赵尚志商量决定，各率一部在宾县东部分头行动。

5月下旬，两支队伍又在宾县七区三岔河会合了。部队刚一到这里，由于汉奸告密，日伪军立即调集800多人直扑三岔河。得到消息后，李兆麟和赵尚志立即召开干部会议，分析形势、部署任务。李兆麟说：“现在敌人追上来了，我们躲是躲不过的，既然送上来了，就要和他们拼一拼。我们有战胜敌人的3个有利条件：一是战士们士气高昂；二是有乡亲们的支持；三是这里的地形适合游击战。我们立即将队伍分散到各个屯里隐藏起来，既能四面八方监视敌人，又能分散敌人的兵力，等敌人来了，再乘机实施分割打击。”

6月7日，三岔河战斗打响后，敌人被游击队的声东击西搞得晕头转向，不断有人丧失性命。这时，敌人发现了赵尚志指挥部的位置，于是，调集重兵将他和部分游击队员包围在“三门王”大院内，处境十分危险。李兆麟接到报告，立即带领游击队奔赴“三门王”大院。他们赶到后，突然从敌人背后发起猛烈攻击，这时赵尚志也从院内向敌发起反击。敌人在游击队的内外夹击下节节败退，赵尚志率部成功突围。

持续两天一夜的战斗，游击队以伤亡 4 人的代价，取得了歼敌 120 余人的辉煌战绩。

转战在哈东

珠河反日游击队的节节胜利，极大地影响和鼓舞了其他各路抗日义勇军的斗志，他们对敌作战更加频繁，哈东地区呈现出星火燎原的抗日景象。珠河、延寿、方正一带的伪军也纷纷反正，加入到抗日的队伍中来。

为整合这些抗日力量，壮大抗日武装队伍，1934 年 6 月 29 日，李兆麟以省委代表身份，组织召开党团扩大会议，会议决定将珠河反日游击队改编为东北反日游击队哈东支队，下辖3个总队（大队），赵尚志任司令，李兆麟任代理政治委员兼政治部主任。

哈东支队成立后，李兆麟和赵尚志商量决定，主动出击，狠狠地打击近期以来敌人大肆“讨伐”抗日武装力量的嚣张气焰，他们把攻打的重点瞄向了五常堡。

五常堡是五常县的要塞，距离五常县县城有30里，这里商贾云集，富户较多。镇上驻着一个有100多日军的警备队，还有伪警察队、商团兵共300余人。这里防卫装备和设施都比较完备，四周筑有土围墙、壕沟，城墙四角筑有炮台，易守难攻。九一八事变后，曾有1000多人的义勇军队伍进攻该镇未克。

面对强敌，刚组建起来的哈东支队如果采取正面交锋，是没有取胜把握的。所以，赵尚志和李兆麟研究决定，采取调虎离山、声东击西的战术智取五常堡。

队伍出发之前，他们传出消息说赵尚志、李兆麟要率领队伍攻打五常县城了。很快，一些密探就把这个军事秘密悄悄地告诉了日本关东军。关东军司令听后，立即从五常堡等地调集了大批日伪军进入五常县县城，以加强县城的防守。

此时，五常堡镇内守敌力量已大大减弱，李兆麟和赵尚志决定连夜发起进攻。9 月 23 日晚，正是中秋节，哈东支队两个总队 300 余人，在地方青年反日义勇军的配合下，兵分两路，准备从东西两翼同时发起进攻，对敌形成夹击之势。

夜幕笼罩下的五常堡，万籁俱寂。半夜时分，镇东、镇西突然响起激烈的枪声。尚在睡梦中的日伪军惊慌失措地提枪冲出营房，急忙登上围墙和炮台开始仓促抵抗。这时，游击队员们早已抢占有利地形，一些负隅顽抗者还没弄清情况就被击毙。四面八方的枪声让敌人不知所措，以为城堡被占，大势已去，纷纷放弃抵抗、举手投降。经过一个多小时的战斗，游击队大获全胜。毙敌 10 多人，缴获步枪 80 余支、子弹 3000 余发及一批军用物资。战斗结束后，宣传队在镇内张贴标语、散发抗日宣传单。天亮前，部队迅速撤出五常堡，返回珠河根据地。

这是哈东支队成立后的首战胜利，极大地鼓舞了部队的士气，扩大了哈东支队在当地的影响。

开展游击斗争，离不开游击区的建设和广大人民群众的支持。李兆麟在参与领导军事斗争的同时，尤其注重根据地的建设和对群众的宣传发动工作。时任中共珠河中心县委委员的赵一曼，以县委特派员的身份在游击区积极配合游击队开展工作，他们在珠河一带先后共同创建了农民委员会、农民自卫队、反日模范队、儿童团、妇女会等地方武装和群众组织，成员最多时近2万人。他们常常以召开代表大会、庆功大会、走家串户、慰问群众的形式，宣讲抗日救国的道理，提高群众的思想觉悟，密切党和群众的关系，为抗日革命奠定了广泛而坚实的群众基础。

在党的领导和全体军民的共同努力下，珠河游击区迅速发展和扩大。到1934年秋，游击区的范围比一年前扩大了3倍，从最初的珠河，发展到延寿、宾县、五常、双城等5个县的12个区。哈东支队在游击区内，实行减租减息，废除苛捐杂税，土匪基本绝迹，群众安居乐业。广大群众坚决拥护共产党，高举旗帜齐心抗日，同游击队结下了鱼水深情。日伪由此发出“珠河地区有共产王国之感”的哀叹。

随着哈东支队的不断发展壮大，1935 年 1 月 28 日，根据中共满洲省委指示，哈东支队改编为东北人民革命军第 3 军，赵尚志任军长兼第 1 师师长，冯仲云任政治部主任，李兆麟任第 1 师第 2 团政治部主任。不久，李兆麟的职务由赵一曼接替，他调到第 1 团任政治部主任。他与团长刘海涛一起，带领全团 200 余名战士，在珠河以北的延寿、方正等地开展抗日斗争。

一次，李兆麟的第 1 团与 300 多人的伪军旅相遇，双方立即剑拔弩张，发生对峙。李兆麟指挥部队将伪军包围在寒风深雪中，采取围而不打的策略，同时组织战士们对敌喊话，高呼“不当亡国奴”“打倒日本帝国主义”“打倒卖国贼”“把日寇赶出中国”等口号，直击伪军的心理防线。不一会儿，伪军队伍中出现了动摇，有的也跟着喊口号：“我们也是中国人，决不打中国人，决不打中国军队。”从此以后，该旅见到游击队，总是绕道而行，不发生直接冲突。

日本侵略者为加紧对我东北森林资源的疯狂掠夺，不仅修建了专用铁路，还豢养了一批白俄森林铁路护卫队来对付中国的抗日游击队。1935 年 5 月，李兆麟和刘海涛率领第 1 团在龙爪沟一带活动。当看到东北的大批森林资源被源源不断地运往日本，心如刀绞，决定对其实施破坏，以阻挠日本侵略者的掠夺计划。他们将部队分成若干个小分队，出其不意地出现在各个路段，炸列车、毁铁路和桥梁，焚烧敌人的原料场，同时还伏击敌森林铁路护卫队。他们先后与敌战斗 10 次，毙伤护卫队及日伪军数十人，缴获机枪、步枪等一大批军用物资，让日本侵略者遭受重大经济损失，从此，敌人对李兆麟恨之入骨。

担起巩固后方基地的重任

1935 年 10 月 1 日，中共驻共产国际代表团以中华苏维埃中央政府和中共中央的名义，发表了8月1日起草的《为抗日救国告全体同胞书》，即“八一宣言”，宣言号召“一切反日队伍联合起来，结成共同战线”对付共同的敌人。

为贯彻“八一宣言”精神，1936年1月28日，东北人民革命军第3、第4军，汤原游击总队和谢文东、李华堂部的主要领导人，在汤原县举行了东北民众反日联合军军政联席会议（史称汤原会议）。会议按赵尚志提议，成立东北民众反日联合军总司令部（实际只负责指挥北满部队，后改称北满抗日联军总司令部），会议推举赵尚志为司令员、李华堂为副司令员，李兆麟为总政治部主任。

会后，汤原反日游击总队正式扩编为东北人民革命军第6军，原汤原反日游击总队政治委员夏云杰任军长，李兆麟任代理政治部主任。2月20日，中共驻共产国际代表团以杨靖宇等人和汤原游击队、海伦游击队的名义，发布了《东北抗日联军统一军队建制宣言》，从此，东北人民抗日武装相继改编为东北抗日联军。

3月中旬，赵尚志率第3、第6军主力部队远征，李兆麟留在汤旺河后方根据地，担任第3、第6军留守处主任，肩负起牵制敌人力量、保卫后方根据地的重任。

主力部队离开后，对汤旺河后方根据地威胁最大的敌人是以汉奸于四炮为首的森林警察大队，他们有100多条枪，大队部驻在老钱柜，直接受日军指挥。这股伪军与日军狼狈为奸，经常对根据地进行骚扰和破坏。为把汤旺河后方根据地牢牢控制在抗联手中，李兆麟决定组织一次出击，消灭盘踞在岔巴旗、南岔、老钱柜一带的伪森林警察大队。

当时第6军军部只剩下20多名警卫战士，人员少、武器差，与于四炮手下的那100多名装备精良的伪森林警察比起来，实力相差悬殊，这仗还能打吗？李兆麟与留守处的第2团团长戴洪滨研究后认为，这仗一定要打，但要请汤原县的游击连一起参加，他们有80多人，这样在人数上就与敌人差不多了。

李兆麟进一步分析说，敌人有3个弱点：第

一，此时于四炮正在汤原县城里给他的傻儿子办喜事，老钱柜之敌群龙无首；第二，于四炮所部的战线拉得太长，各部分敌人互相照应不上；第三，这支汉奸队伍组建以来还没吃过什么大亏，官兵都很傲慢，警惕性不高。从这3点看，我们胜利还是有把握的。

3月19日下午，雪过天晴，远远望去，莽莽山林银装素裹，格外秀美。李兆麟同第2团团长戴洪滨一起，率领100余名战士，从浩良河东面出发，沿着汤旺河疾速前进。队伍走到岔巴旗时，夜幕已经降临。李兆麟带着几名战士摸到一个岗楼前，他从窗户往里一看，只见两个伪警正在炕上喝酒。李兆麟把驳壳枪轻轻一挥，几名战士心领神会，突然破门而入，用枪顶着两个警察的脑袋，喝问道："东岸有多少人？谁是头儿？"伪警察吓得面如死灰，一个劲地求饶："别开枪，别开枪，我说……"

原来，这里是一个警察中队，连同中队长在内的10多个人，分居在东西两个院里。查明敌情后，李兆麟带着战士摸进了东面的大院套，然后兵分两路，直奔东西两个院落。

东院里面住着中队长和几个卫兵，李兆麟带着战士冲进东院时，正躺在炕上抽大烟的中队长听到有动静，翻过身正准备去取挂在墙上的枪。李兆麟一个箭步冲进屋内，用枪指着他的头厉声喝道："不许动！"跟着冲进来的其他战士，迅速缴了他的枪械，同时制服了几个卫兵。住在西院里的敌人也顺利地全部解决。

李兆麟留下少数兵力守住岔巴旗，封锁山口，切断敌人的联系。然后带领其余战士，乘十几张爬犁，直奔南岔。李兆麟让走在前头的战士换上伪警察的服装，闯过敌人的关卡，顺利进入南岔营地后，没费多大劲，就缴了伪警们的枪。这一夜，他们连续作战，端掉了敌人3个窝点。

第二天凌晨，李兆麟又率部直奔老钱柜。天快黑时，在距离老钱柜还有20多里的地方，碰到了于四炮的弟弟于五炮，他乘着爬犁带着6个人正出来巡逻。于五炮从老远就喊："是哪一部分的？"李兆麟连忙回答："是自己人。"这时，李兆麟乘坐的爬犁已到了他跟前，于五炮还没有弄

清是怎么回事就成了俘虏。

接着，李兆麟带领部队迅速奔袭老钱柜。敌人根本毫无防备，几个哨位里的哨兵也都无精打采的。李兆麟安排人首先缴了警卫和柜房的枪，随后直插老钱柜后边的日军森山指挥部，不一会儿工夫，就干净利落地歼灭了森山大尉以下 7 名日军指挥官。伪森林警察除了大队长于四炮因外出未归外，其余全部生俘。共缴获步枪 100 多支，子弹 30 余万发，米面两万余斤，临走时还烧掉了敌人的大本营。

消灭了森林警察队，为建立和巩固后方根据地扫清了障碍。随后，李兆麟组织留守部队和当地群众，在汤旺河一带大量构建密营，储备军需物资，还建立了小型兵工厂、被服厂、仓库和医院，使之成为抗联部队重要的后方保障基地，有力支援了北满抗日前线。日伪惊惧哀呼："汤原地皮红透了三尺！"

为提升东北抗联部队的正规化建设和指挥员的作战指挥能力，李兆麟与赵尚志商量，决定创办一所东北民众反日联合军政治军事学校。他把校址选定在老钱柜附近的伊春河畔，经过一番紧张的准备，学校于1936年5月正式开学，赵尚志兼任校长，李兆麟任教育长，主持学校的日常工作。

教官从抗联部队中选调，都是一些具有丰富作战经验、有本事的人，教材由教官根据以往学过的专门知识，结合学员的接受能力自己编写。学校开设军事课和政治课，军事课主要是结合东北抗日战场的实际，学习如何进行游击战。教官们根据自己参加抗日斗争的经历，结合战斗实例讲战法、谈经验、找教训，把课讲得真切实在、生动活泼，很受学员欢迎。政治课学习马列主义理论、军队政治工作等内容，都是由李兆麟亲自授课。学校开办时间不长，却先后为北满抗联各部队训练和培养了100余名军政干部，许多同志通过学习迅速成长为抗联的骨干力量，走上师长、团长等岗位。他们为民族解放事业英勇斗争，流血牺牲，作出了卓越的贡献。

1936年冬，日本帝国主义为加紧对三江地区丰富资源的掠夺和对该地区的统治，把掠夺到的木材、矿石等资源运送出去，把大批的军用物资运进来，他们抓捕了几百名民工，强行修筑绥佳铁路，还在铁力县境内的神树建造了一座大兵营，集中大批伪军来协助维护。李兆麟得知这一情况后，决定消灭这股日伪军，拔掉这根“钉子”。

一天深夜，李兆麟率200余人以急行军速度赶往神树。迫近敌军营时，他命令大家用麻袋片包裹双脚，悄悄将敌营包围起来。他先派人干掉哨兵，接着兵分3路迅速冲进敌人营房。敌人都还在被窝里睡大觉，当从梦中惊醒时，还没来得及反抗就乖乖地当了俘虏。端掉这个伪军营，缴获敌全部枪支弹药，解救出了遭受奴役的数百名民工。

由于长年征战，加之与家乡信息不通，自家里被查，母亲和妹妹被捕，妻子失散以后，再也没有她们的消息，李兆麟几次托人打听，也都没有找到下落。他常望着家乡的方向，思念母亲和妻子，有时心中难免惆怅。这一切被在抗联第3军被服厂工作的细心的朝鲜族女战士金伯文发现了，她主动关心李兆麟，帮他照料一些事情。不久，金伯文便走进了李兆麟的感情生活。按照当时抗联部队规定，同家属失去联系 3 年以上可以恋爱结婚。1937 年 7 月，经中共北满临时省委批准，李兆麟和金伯文正式结婚。

率部西征 浴血抗战

独撑北满危局

1937年7月7日，日本帝国主义挑起震惊中外的卢沟桥事变，发动全面侵华战争，中国由局部抗战转为全面抗战。中国人民和各抗日军队的坚决抵抗，粉碎了日军速战速决的战略企图，使其“三个月灭亡中国”的幻想彻底破灭。

东北抗日军民在全国抗战形势鼓舞下，掀起了新的抗日斗争高潮。1937年10月，东北抗日联军已发展到11个军3.5万余人，抗日游击区达70余个县。东北抗联各部主动出击，袭扰日伪军，破坏敌人的兵站、交通、通信等军事设施，牵制大批日军不能南下入关，有力配合了全国抗战。

李兆麟所领导的北满地区在全国抗战的声势中，加大群众工作力度，组建了 103 个抗日救国会及分会，广大群众积极参军参战，组建群众武装，全力保障前线，支援关内战场。在这一系列抗日爱国的斗争中，最具影响力的是由李兆麟指导的汤原人民的抗日反满大暴动。

9 月 17—18 日，汤原县格区、龙区、鹤区、汤区举行集会游行，高呼抗日口号，散发传单，并在一夜之间，将汤原通往佳木斯、鹤岗煤矿等地的军用桥梁、电线杆等军事设施全部摧毁，切断了一切对外联系，使驻扎在汤原县格区丁家房据点的日军守备队陷入孤立的境地。慑于群众斗争的威力，日军守备队于 20 日夜晚化装逃走，据点不战而克。风起云涌的东北军民抗日斗争，给日本侵略者极大的震撼，直接威胁着日本帝国主义在伪满洲国的统治，他们把东北抗联视为“满洲治安之癌”。

1937 年年末，日伪当局调集 10 多万兵力，采取轮番进攻、全面封锁、分割包围等手段，对总数不到 4 万人的东北抗联实行“铁壁合围”。敌人为了切断抗联与人民群众的联系，实行“三光政策”，搞“匪民分离”，在广大农村进行“并大屯”，制造“无人区”。一时间，日军铁蹄所到之处都是一片烟云火海，抗联游击区的房屋绝大部分被烧毁，日军强行把失去房屋的群众赶往一地集中居住。东北人民家破人亡、流离失所，灾难更加深重。

这期间，失去人民群众支援的东北抗联处境更加艰难，他们与党中央也失去了组织联系。此后，尽管党中央多方努力打通与抗联的联系，但在日本法西斯严密阻隔，以及东北抗联长期分散游击的情况下，均未取得成功。赵尚志为寻求苏联援助，于 1937 年 12 月越境入苏，领导北满抗日斗争的重任实际上落在了李兆麟肩上。他不负众望，独撑危局，率领第 3 军、第 6 军部队坚持在下江地区开展活动。

当时，下江地区的形势十分险恶。日伪军集中兵力，向松花江下游两岸的依兰、勃利、桦川、富锦、密山一带进行疯狂大“讨伐”。在日伪军、警、宪、特机关进行大搜捕后，党的地下组织几乎全部被破坏，由于得不到地下党组织和人民群众的支援，抗联部队的粮食、弹药来源中断，官兵们不仅忍饥挨饿，还要与敌苦斗周旋。

为解决部队战士的生存问题，1938 年年初，李兆麟带领第 6 军第 2 师一连攻打了东西梧桐河、东西杜鲁河、东西火烧营和老沟等 7 处敌人金矿区的重要据点，缴获了许多战利品，同时也给敌人以沉重的打击。随后，敌人调集数倍于我的兵力，对抗联进行疯狂的围追，李兆麟带领部队在撤退转移的途中，常常是刚打退了一批敌人，接着又来了一批，危机四伏、险情不断。他始终与战士们战斗在一起，同甘苦、共生死，以自身的模范行动和革命的乐观主义精神，激励鼓舞着广大官兵。在情况最危险的时候，李兆麟曾神情严肃地叮嘱警卫员："我若是牺牲了，你千万要记住，不要让敌人得去我身边的皮包，你要把它送到中共北满省委去，因为皮包里有许多重要的党内文件。"

4 月，李兆麟参加了在依兰县青山里召开的北满临时省委第七次常委会议。会议刚一结束，敌人就摸进山袭击省委机关，省委书记张兰生决定率机关人员向西北方向撤退。为吸引敌人，保证省委机关安全顺利转移，李兆麟率领部队把敌人引向相反方向，他们边打边退，一直退到依兰四块石地区，才将追踪的敌人甩掉。随后，经过长途行军，李兆麟率领的第 2 师到达萝北梧桐河，与第 6 军其他各部会合。

在孤悬敌后、武器简陋、给养匮乏的艰难条件下，李兆麟带领北满抗联将士与数十倍于己的日伪军英勇战斗，牺牲极大，无数干部战士献出了宝贵的生命。从 1938 年年初起，抗日游击区在敌“围剿”下不断缩小，北满地区的抗日斗争进入一个极端困难的时期。

艰难西征路

为粉碎敌人“聚歼”北满抗日联军的阴谋，开辟新的游击区，并试图打通与关内八路军的联系，1938 年五六月间，中共北满临时省委召开会议决定，北满抗联主力迅速撤离旧区，突破敌围，向小兴安岭西麓的海伦远征，留下少数部队在原地坚持斗争。鉴于敌人封锁严密，为避免目标过大暴露行踪，中共北满临时省委常委、北满抗联总政治部主任李兆麟与省委其他负责人商议，决定部队分 3 批西征。

西征出发前，经过深入细致的政治思想工作，广大指战员对西征的意义和目的，都有了比较明确的认识，热情很高。但也有少数同志感到故土难离，不愿西征。李兆麟了解情况后，决定举办一场欢送部队西征的篝火晚会，以此来教育鼓舞战士，激发战斗意志。

首批部队出发的前一天晚上，丛林间的一片空地上燃起了熊熊篝火，官兵们兴高采烈地围坐四周。篝火越烧越旺，火光越来越亮，照红了脸，烤热了心。李兆麟做了西征动员，之后各部队代表发言表决心。接着，演出开始，有独唱、合唱，还有京剧演唱、双簧等。留守的同志特意为出征的战友献上了自创的《送西征》歌曲：

碧草萧萧夏日长，共为救国忙。
礼歌一曲送西征，从此各一方。
愿望同志肩重任，为国争荣光。
祝同志前途无量，进取莫彷徨！

最让战士们兴奋和难忘的是李兆麟自编自演的话剧《王勤挂号》。话剧讲的是一个叫王勤的小战士畏惧远征，假装肚子疼，要请假不去参加远征，经过教育，他认识到自己的错误，感到十分羞愧，后又积极要求参加远征的故事。小战士王勤一出场，大家立刻欢呼起来，原来是李兆麟亲自出演的。只见他一上场，满脸苦相，猫着腰，捂着肚子，嘴里不停地说：“西征西征，我想不通。东藏西躲，这叫啥兵？不去不去，我就肚子疼！”台下顿时一片笑声。这时“大夫”上场给王勤看病，一番望闻问切之后，笑着说：“我看你身体没啥病，应该是思想上出了点小毛病。”接着，扮演政委和房东二大爷的两位演员相继出场，耐心做王勤的思想工作，最终解决了他的“思想病”。小战士王勤思想通了，自然肚子也就不疼了。只见他红着脸冲着大家说：“明天西征，我打冲锋。为了胜利，我看谁敢肚子疼！”顿时，掌声雷动，大家为李兆麟和干部们滑稽而精彩的表演欢呼。第二天，大家满怀信心，高高兴兴地踏上了西征路。

从7月初开始，北满抗联部队开始西征。前两批部队在行军途中，忍受了常人难以想象的艰难困苦，冲破了日伪军重重围追堵截，有一大批干部战士光荣牺牲，但也取得了歼敌百余人的战绩。经过长途跋涉，前两批西征部队分别于10月、11月到达海伦白马石和八道林子。

按预定计划，李兆麟带领后续部队第三批西征，出发之前主要负责率部牵制敌人，并做好下江留守部队的整顿工作。

8月的一天，李兆麟在富锦境内与抗联第4军一支留守队伍的领导见面后，在归队途中远远看到一支日军骑兵向第4军留守处驻地急驰。李兆麟觉得情况有些不对，立刻调转马头，对警卫员喊道：“4军的兄弟有危险，咱们快过去帮一把！”他们快马加鞭，赶在日军之前到达第4军留守人员驻地。

李兆麟向大家说明情况后，立即组织和部署伏击。不一会儿，敌人进入伏击区域，李兆麟大喊一声：“打！”早已准备好的官兵一起向日军骑兵开火，打得日军骑兵惊慌失措，乱成一团，丢下十几具尸体后慌忙逃离。日军不仅没有达到偷袭的目的，反而付出了惨重的代价。

9月末，抗联第11军第1师300多名指战员，被日伪军包围在富锦县南老道庙沟的山谷里，李兆麟得知后，立刻带领第6军教导队180多名战士前去营救。他们一夜急行军到达腰梭拉岗时，被一片宽阔的沼泽地挡住了去路。沼泽地十分危险，人走在草皮上摇晃不定，稍有不慎便会陷入其中被沼泽吞噬。李兆麟走在队伍的最前面，一边给大家讲，一边示范给大家看。部队终于在第二天中午走出沼泽地赶到南老道庙沟，李兆麟指挥部队从几个方向向围困第1师的敌人突然发起攻击。这时，被困的第1师官兵也趁机向敌人发起反击。日伪军在内外夹攻下，顿时混乱起来，包围圈被打开了缺口，第1师官兵成功突围，脱离险境。

这期间，在敌人的严密封锁和疯狂“围剿”

下，尚未出发的抗联部队缺衣少粮，处境越来越困难，但他们仍以革命乐观主义精神顽强斗争，牵制敌人。11 月 16 日，李兆麟致信中共北满临时省委，报告主力部队西征之后，下江地区工作部署的状况，在信的最后一部分，他饱含深情地说："我是无钱、无粮、无干部，过了 4 个月残酷斗争生活，今天正是身边最后一个铜圆都花净的日子，革命热情燃烧着我，非常高兴地向着抗日的光明处狂奔。"

11 月下旬，李兆麟在汤东老白山的下江留守队总部密林里，进行第三批西征队伍的动员和准备。第三批由第 11 军第 1 师和第 6 军教导队留守人员共 100 余人组成。这时，部队的冬装还没有换齐，李兆麟便指导战士们自己做棉衣。山区的群众听说部队要远征，家里拿不出多余的棉衣和棉被，有的干脆就从身上脱下自己的棉衣给战士们穿上。

给养问题仍存在严重的不足，于是，李兆麟发动大家到处筹集野果、野菜等。一次，战士们从附近一座抗联储藏给养的炭窑里，找到一斗小米和百余斤土豆，让大家喜出望外。

1938年12月12日上午，抗联战士在密营前整队集合，李兆麟为大家举行了西征誓师大会。随后，率领抗联部队开始翻越小兴安岭原始森林，向西部挺进。

此时的小兴安岭，气温已经降到零下40余摄氏度，天寒地冻，大雪纷飞，战士们顶风冒雪在这高山密林间不停地穿行，寒风无情地抽打在抗联将士们的脸上，就像刀割一般，呼出的热气，遇上冷风顿时在胡子眉毛上结成冰凌。原始森林中古树参天，倒木横陈，上不能跨，下不能钻，只能曲折绕行，加之没膝积雪，行进异常艰难。有的队员棉衣被树枝刮得破破烂烂，褴褛不堪。为防备敌机和特务打探，他们白天分头前进，夜间集中宿营。

饥饿、严寒和雪地难行，让官兵们疲惫到了极点。一到宿营地，就一屁股瘫坐在雪地上，再也不想起来。每当这时，李兆麟总是以命令的口吻厉声喊道："站起来，统统站起来！不许坐下！坐下去就可能永远站不起来了！"他叫战士捡来干树枝，点上篝火后，再让大家围着火堆休息。

战士们围在篝火旁，脱下湿透的棉衣、鞋子

和脚布，放在火上烤一烤。由于劳累，有的战士烤着烤着就睡着了，有的把衣服烧着了也全然不知。有一次，一个战士因为寒冷、饥饿和过于疲劳，身体突然失去了平衡，一头栽到火堆里。当同志们把他拉出来时，这个战士已经牺牲了。

艰难的行军还在继续，恶劣的气候还在肆虐。西征部队进山以来，无论是漫长的黑夜，还是难见阳光的白天，强劲的北风好像从来都没有停止过。不少战士的手脚严重冻伤，他们只能在宿营时放在篝火上烤一烤，来缓解一下钻心的疼痛。没多久，部队带的粮食基本吃光，在深山密林里找粮食，是根本不可能的。严冬的山林，可食的松子、榛子、野菜和野果已无法见到。断炊的头几天，战士们只能从横卧在雪地里的倒木上找到一些干枯的蘑菇充饥。

寒冷更是挑战着官兵们的生理极限。有一位战士，在没腰深的大雪里艰难地爬行，爬着爬着就一动不动了，他把年轻的生命永远留在了白雪皑皑的小兴安岭山林里。

李兆麟敏锐地意识到，对于部队来说，士气

的低落，是比寒冷、饥饿和劳累更具威胁的敌人。为了坚定大家的意志，李兆麟不断耐心地做战士们的思想工作，他经常鼓励大家说：“同志们，只要我们拿出在战场上消灭日本鬼子的劲头来与自然界抗争，冲出这片大森林，胜利就一定属于我们。”

12 月 25 日，部队在张家湾河边与敌军遭遇，经激战，冲破敌人的封锁和阻挡。接着又翻山越岭继续前进。

12 月 29 日，这支历尽磨难的西征部队，终于走出了小兴安岭密林，胜利到达目的地——海伦八道林子，与前期抵达的抗联部队会合。第三批部队的到达，标志着北满抗联主力西征胜利结束。

艰苦卓绝的抗日游击战争和艰难曲折的西征征程，磨炼出了北满抗联战士坚强的革命意志和坚忍不拔的战斗精神。在那火热的战斗生活中，李兆麟和战友们饱含深情地写下了一首首真切感人、脍炙人口的《露营之歌》：

（一）

铁岭绝岩，林木丛生，

暴雨狂风，荒原水畔战马鸣。
围火齐团结，普照满天红。
同志们，锐志哪怕松江晚浪生！
起来哟，果敢冲锋！
逐日寇，复东北，天破晓，
光华万丈涌。

（二）

浓荫蔽天，野雾弥漫，
湿云低暗，足渍汗滴气喘难。
烟火冲空起，蚊吮血透衫。
兄弟们，镜泊瀑泉唤起午梦酣。
携手吧！共赴国难，
振长缨，缚强弩，山河变，
万里息烽烟。

（三）

荒田遍野，白露横天，
野火熊熊，敌垒频惊马不前。
草枯金风疾，霜沾火不燃。
战士们，热忱踏破兴安万重山。
奋斗呀！重任在肩，

突封锁，破重围，曙光至，

黑暗一扫完。

（四）

朔风怒吼，大雪飞扬，

征马踟蹰，冷气侵人夜难眠。

火烤胸前暖，风吹背后寒。

壮士们，精诚奋发横扫嫩江原！

伟志兮，何能消减！

全民族，各阶级，团结起，

夺回我河山。

任第三路军总指挥

北满抗联主力部队到达海伦后，立即展开了创建抗日游击根据地的斗争。1939年1月28日，李兆麟参加了中共北满临时省委召开的第九次常委会议，会议总结了反“讨伐”斗争和西征的经验，明确了北满游击运动的新方针，提出主动利用敌人弱点，及时地化整为零、化零为整、以少胜多的灵活游击战术。

为加强部队的统一领导和指挥，1 月正式成立了江省西北临时指挥部，李兆麟和许亨植分别担任政治、军事负责人，冯治纲任参谋长。西征到达海伦的抗联第 3 军、第 6 军、第 9 军、第 11 军各部队，于 1939 年年初统一编为 4 个支队和 2 个独立师，第 1 支队支队长张光迪、政治委员陈雷；第 2 支队支队长冯治纲、政治部主任赵敬夫；第 3 支队支队长王明贵、政治委员于天放；第 4 支队支队长雷炎、参谋长郭铁坚、政治部主任关树勋。整编后，各支队主动出击，寻找敌人薄弱环节，采取突然袭击和灵活机动的作战方式打击敌人，用缴获敌人的武器弹药和粮食补充部队，同时开辟新的游击区。

2 月初，各支队在李兆麟的领导下，迅速开展消灭敌人、壮大自己的对敌斗争。第 2 支队支队长冯治纲率领所部，首先在距离德都 18 公里的田家船口屯实施伏击战，全歼伪警察队，活捉德都伪警务局局长以下 30 余人，击毙日军指挥官黑木俊一，缴获步枪30余支。敌人受到打击后，随即对第2支队进行疯狂的报复，第二天，日伪军出动200余人，将第2支队包围在谷家窑屯企图聚歼。在当地广大人民群众的支持下，支队长冯治纲率领全支队与敌奋力搏杀，仅以牺牲1人的代价，胜利突出重围。

3月16日，第2支队攻克了老龙门车站，接着又袭击讷河以东的三合屯，毙伤讷河伪警察队30余人，缴获步枪30余支。4月27日，偷袭了龙镇紫霞宫伪警察分署和日军军用机场，击毙日军10余人。5月11日，全歼驻守北安境内曹乃修屯的日伪军。抗联接二连三的胜利，不仅缴获了大批军用物资，武器装备也得到了很大的改善。全支队服装统一换成了黄军衣，战士们大部分换成了"三八大盖"，弹药充足，全军士气大振。

1939年4月12日，中共北满临时省委召开第二次扩大会议，成立中共北满省委，选举金策（抗联第3军第4师政治部主任）、李兆麟、冯仲云3人为省委常委，金策为书记，李兆麟为组织部部长，冯仲云为宣传部部长。会议还决定成立东北抗日联军第三路军，并建立总指挥部。

5 月 30 日，东北抗日联军第三路军正式编成，下辖第 3 军、第 6 军、第 9 军、第 11 军，共 500 余人。李兆麟任总指挥，冯仲云任总政委（1940 年 4 月任），许亨植任总参谋长。第三路军编成后，发表了成立宣言和通电，表示要“响应国内总抗战，以积极果敢精神，破坏日寇在东北之一切军政设施，截夺敌寇武装供给，领导民众斗争，争取东北抗日运动的新的开展”。抗联第三路军的成立，与抗联第一路军、第二路军形成了掎角之势，成为一个更有利于配合全国抗战的“大三角形”。

在就职仪式上，李兆麟郑重宣誓：“寿镂愿以高度之革命热诚，忠贞不移之魄力，效命祖国，矢竭愚忱。”为了纪念这一激动人心的时刻，他欣然提笔，写下了《第三路军成立纪念歌》：

绚烂神州地，白山黑水间。

八载余，强敌嚣张，铁蹄肆踏践。

中华民族遭蹂躏，惨痛何堪言！

骨露原野，血染白山巅。

义愤填胸，揭竿齐向前。

誓驱倭寇，团结赴国难。

民族自救抗日军，铁血壮志坚，

杀敌救国复河山。

……

抗联第三路军指战员高唱这首战歌，纵横驰骋于松嫩平原，在北安、德都、通北、讷河、嫩江等广大地区展开了新的战斗。6 月 20 日，第 3 军第 8 团在团长姜福荣率领下，在北安李殿芳屯与伪军交火，随后又捣毁德都县红花鸡（今团结村）伪警察署。23 日，攻破讷河汉奸地主高殿卿盘踞的院套，将这个协助日寇捕杀我地下党员的“东霸天”、平日鱼肉乡里无恶不作的“高四阎王”活捉，后交人民公审处决，一时间轰动讷河，令敌伪丧胆，人民称快。4 天后，部队折回北安县境，于 7 月 1 日再克老龙门车站，8 日又攻破克山县北兴镇，创造了以少胜多、歼灭两倍于己之敌的非凡战绩。

在第 3 军第 8 团捷报频传之际，另一支劲旅——第6军第12团也旗开得胜。在冯治纲率领下，第12团从通北县南北河进入克山县北部地区，8月22日深夜再次攻克北兴镇，全歼当地伪警和伪自卫团。之后，他们用缴获的武器弹药武装民众，组建了讷河人民抗日先锋队，留在当地开展游击战争。

李兆麟在指挥作战的同时，一如既往重视群众工作和思想政治工作，指示部队严守群众纪律，不侵犯群众利益，广泛向群众解释，搞好群众宣传教育，还亲自率领战士帮助群众料理农活和家务。他还注重加强部队党的建设和军事民主，周密部署防范奸细特务工作。在李兆麟和冯治纲的领导下，龙北部队进攻各市镇时秋毫无犯，纪律形象良好，不仅赢得了广泛赞誉，而且受到人民群众的衷心拥护和爱戴，当地呈现出一片军民鱼水情的和谐景象。

在此期间，李兆麟以“三大纪律，八项注意”为参照，主持编写的《东北抗日联军第三路军军人十大要义歌》在部队中得到执行，并在官兵和群众中广为传唱。

救危亡，神圣天职，以身殉国，誓死抗日。我军人第一要义。

万众一心，坚如铁石，精诚团结，友爱朴实。我军人第二要义。

舍身为群，忠贞坚毅，服从指挥，遵守纪律。我军人第三要义。

英勇杀敌，流血不惜，临阵争光，死不逃避。我军人第四要义。

全军耳目，卫兵所系，戒备机警，保守秘密。我军人第五要义。

枪械弹药，生命相辅，注重武装，爱惜公物。我军人第六要义。

抗日联军，人民代表，爱惜民众，不犯秋毫。我军人第七要义。

积极上进，遵守职责，热心学习，谨守军礼。我军人第八要义。

公正自爱，不避艰险，行动纯洁，劳动勤勉。我军人第九要义。

起居谨慎，饮食清洁，讲求卫生，衣物整洁。我军人第十要义。

经过西征以来半年多的斗争实践，第三路军不仅在松嫩平原逐步站稳了脚跟，而且在激烈战斗中开辟了新的抗日游击根据地。

松嫩平原上的游击劲旅

为铭记国耻，坚持抗战，教育人民群众，鼓舞部队信心，第三路军总指挥李兆麟决定在九一八事变 8 周年之际，对日伪军进行一次狠狠的打击。经过研究决定，集中部分兵力攻打讷河县城。讷河是北满的重镇，有日伪军的行政机关和伪军的北大营，打掉它，能起到强大的震慑作用。

1939 年 9 月 15 日，李兆麟派第 6 军参谋长冯治纲率第 3 军第 8 团、第 6 军第 12 团共 120 余人，向讷河城外挺进，同时命令刚组建的地方武装讷河人民抗日先锋队配合。冯治纲首先派人进城把敌人的部署情况和防守火力侦察得一清二楚，然后将部队分为 3 路，乘敌不备突然发起进攻。

18日深夜，讷河城内一片寂静，冯治纲指挥部队悄悄接近县城。11时，各路部队按照预定路线顺利攻进讷河县城，消灭守敌后，直插目标。第3军第8团和第6军教导队，攻打伪军驻地北大营；第6军第12团，攻打伪县务署警务科、监狱和银行；讷河人民抗日先锋队，攻打伪警察训练所。经过两个多小时的战斗，击毙日军10余人，俘伪军团团长孙承义等以下100余人，缴获枪支230余支、子弹3万余发，以及汽车、粮食、被服等大批军需品，解救出关押在狱中的抗日志士300余人。

次日凌晨，李兆麟来到占领的讷河县城，召开群众大会，号召民众团结起来，积极参加抗日，把日本帝国主义早日赶出中国，受到人民群众的热烈欢迎。为防止其他日伪军反扑，李兆麟和冯治纲带领部队撤出县城。

9月28日，李兆麟来到第6军第12团，他与团长耿殿君、参谋长王钧一起研究新的行动计划。决定趁部队士气正旺，日伪军防守不是很严之机，再次袭击敌人。在李兆麟的部署下，耿殿君于第二天便率领第12团南渡讷谟尔河，突然袭击了讷河县九井伪警察分署，接着又在讷东三马架与伪军龙江教导队激战3个小时。第12团越战越勇，不断主动出击，取得了辉煌的战绩。

10月初的一天，团长耿殿君听说讷谟尔河南日本的一个“开拓团”有百来匹战马，他请示李兆麟，想去夺过来装备部队。李兆麟一听非常高兴，表示坚决支持他的行动。耿殿君带着挑选出来的精干队伍，趁着天黑摸过讷谟尔河。他将人员分成两部分，一部分负责对付敌人，一部分负责抢马匹。敌人正在熟睡之中，马厩里传出的马叫声把敌人惊醒，慌忙跑出来时，等待他们的是凶猛的子弹。

耿殿君用缴获的百余匹马装备了部队，使步兵团成了名副其实的骑兵团，进一步增强了部队的机动能力，成为一支劲旅。不久，第12团在讷河唐大梨与日伪的“讨伐队”遭遇，狭路相逢勇者胜，团长带领战士们猛打猛冲，毙敌数十名，将缴获的37支步枪全部送给了龙江教导队。10月30日，第12团攻下克山县西城镇，将缴获的两卡车枪支弹药和冬服送往后方基地，缓解了部队的急需。

第三路军各部广泛开展松嫩平原游击战，以灵活机动的方式到处袭击敌人，令日伪军防不胜防、惊恐不安，有效粉碎了敌人的“黑、北、龙三省会攻计划”。不甘失败的日军，在1939年入冬之后，调集数千重兵，在讷河、嫩江一带反复讨伐抗联部队，疯狂屠杀抗日群众。同时，日本法西斯在东北的贪婪暴虐也与日俱增，伪满的三大“国策”即“北边振兴计划”“产业五年计划”“百万户移民计划”全面铺开，经济上的敲骨吸髓，政治上的压迫屠杀，使东北人民苦难深重。尤其是针对抗联部队的“肃正”“讨伐”手段之残暴，更是无所不用其极。

第三路军在李兆麟指挥下，同日伪军的战斗更加频繁、激烈。1940年1月6—23日，第三路军部队先后袭击铁力县和北安长春镇，使日伪军损失惨重。2月9日，第6军在铁力县东北部，袭击日本“青年义勇军”，缴获军马20匹。12日夜，又袭击驻守铁力县北依吉密河岸的日伪军，毙日军70余人。

在辽阔的松嫩平原上，对抗联第三路军威胁

最大的是伪嫩江森林警察大队，他们有 200 多名骑兵，经常袭扰抗联部队，李兆麟决定寻机将其消灭。他把这一任务交给了第 3 师师长王明贵。王明贵带领人员经过仔细侦察，摸清了警察大队骑兵的活动规律，但直接对抗是难以取胜的，最后决定用引蛇出洞的办法进行打击。3 月初的一天，王明贵安排一部兵力前去诱敌，敌人果然中计，派出骑兵队追至朝阳山地区时，早已埋伏在这里占据有利地形的部队，一齐向骑兵队开火，铺天盖地的手榴弹和雨点般的子弹飞向敌群，敌人无从招架，纷纷落下马来。这场伏击战，仅用 20 多分钟就将伪森林警察骑兵队大部歼灭。

1940 年 3 月，第三路军根据中共吉东、北满省委会议对部队实行整编的精神，撤销各军、师番号，将部队缩编为东北抗日联军第三路军第 3、第 6、第 9、第 12 支队。第 3 支队支队长王明贵、政治委员赵敬夫、参谋长王钧；第 6 支队支队长张光迪、政治委员于天放、副支队长高继贤；第 9 支队支队长陈绍宾（后边凤翔）、政治委员周云峰（后高禹民）、参谋长郭铁坚；第 12 支队支队长李景荫、戴鸿宾、徐泽民（代），政治委员许亨植（兼）、韩玉书（代），参谋长李忠孝。

第三路军成立一年多来，在李兆麟等军领导的指挥下，抗联部队活跃于北满17个县区，各部队扬长避短，避实击虚，机动灵活地打击敌人，共作战300余次，攻克讷河、克山等27处城镇，袭击日军火车站5处、机场1处、准军事组织“移民团义勇队训练所”5处，颠覆日军军列2次，毙日伪军500余人，俘日伪军警1557人，并缴获大批武器弹药和军用物资，给日伪军及伪满洲国的统治以沉重的打击。第三路军的游击活动牵制了数十万日伪军，有力地配合了全国的抗战。

生死大考验

第三路军总指挥部设在朝阳山，这里位于德都县（今五大连池市）北部，北倚科洛河，东临沼泽地，南以克查山为屏障，西有迷魂阵、黑瞎子沟为通道，易于隐蔽攻守、迂回出击。这里是龙北部队的主要后方基地，在松嫩平原游击战中发挥了重要作用。自日伪军连续遭受打击后，一直在寻找抗联的总指挥部，为此，日伪军曾多次进山搜剿，并派大批警特四处探寻，但始终未能发现总指挥部踪迹。

1940 年六七月间，驻嫩江的日伪军混编了一支 150 人的“讨伐队”，一直跟踪追击第 3 支队不放，时打时不打。这时李兆麟和原中共北满临时省委书记、时任中共北满省委委员张兰生等人正在朝阳山密营总指挥部教导队同抗联干部短期训练班在一起。第 3 支队支队长王明贵察觉了敌人跟踪的意图，他立即派人向李兆麟报告，同时率部往朝阳山相反的方向撤退，试图引开敌人。

7 月 19 日这天，狡猾的敌人跟踪了第 3 支队一段路程后，他们发现了进入朝阳山的脚印，这是第 3 支队的战士几天前为训练班送油印机和纸张的人员踩踏出来的。于是，“讨伐队”放弃对第 3 支队部队的追踪，全部改向朝阳山扑去。这时李兆麟已接到报告，正率领总指挥部教导队进行转移。由于敌人前进迅速，教导队仅撤出 5 公里左右，就陷入敌人的四面包围。

这时，第 3 支队支队长王明贵立即返回追击“讨伐队”。战斗首先在“讨伐队”与教导队之间展开。仅有 20 多人的总指挥部教导队与数倍于己的日伪军“讨伐队”展开殊死战斗，李兆麟和张兰生也拿起武器，和战士们一起同敌人战斗。

当时正在训练班学习的第 3 支队政委赵敬夫全力指挥作战，率领小部队掩护李兆麟和总部其他人员撤退。突然敌人一颗子弹飞来将李兆麟的背囊打穿，幸未伤及身体。警卫员建议他弯腰行进以缩小目标，李兆麟风趣地说：“敌人打我的子弹还没造出来呢！”

王明贵带领部队及时赶到，从背后猛击敌人，他们一边与敌人搏斗，一边掩护李兆麟等人突围。

这次战斗中，虽击毙伪警大队大队长董连科，打死部分日伪军，但我军损失也很大，赵敬夫等 9 名干部战士，为了掩护总指挥部突围壮烈牺牲。令人痛惜的是，年仅 31 岁的张兰生，也在这次战斗中献出了宝贵生命。

朝阳山战斗后不久，李兆麟率领第三路军总指挥部转移到通北县南北河一带。这天，李兆麟为了起草一份文稿，他没有随机关和第 3 支队一起去平原地区，而是带着 20 余人留在了河东。突如其来的一场暴风雨，使南北河河水猛涨，低洼地区一片汪洋。正在河东地区的李兆麟等人被困在森林里，与部队失去了联系。20 多天过去了，河水仍未退去。他们带的粮食不多，不几天就吃完了，然后就把尚未成熟的玉米棒压碎后冲水喝。即便如此，也维持不了多久。大家只好吃野菜。

北国大地寒霜早，一场秋霜之后野菜都枯黄了，抗霜的野菜大耳朵毛也被吃光了。男同志饿得起不来，女同志每天坚持出去捡榛子和蘑菇。她们虽然饥肠辘辘，但捡到的榛子、蘑菇，谁也不肯往自己嘴里放，都带回来，如数交给总指挥，请他来分配。

李兆麟总是先让给伤病员，然后是年老体弱者和女同志，轮到他就没有几颗了。大家不忍心让总指挥少吃，就把自己分到的送给他一些。李兆麟说："你们到外边活动，应当多吃点，我活动少，

应当少吃，只要不饿死就行。”

他虽然饿得全身无力，还乐观地给大家讲古代伯夷、叔齐二人宁肯饿死首阳山，也不食周粟的故事，鼓励大家战胜困难。他说：“我们宁肯饿死，也要忠于祖国，绝不能动摇抗日到底的信念。”就这样，李兆麟和他的战友们团结协助，挺过了 50 天的断粮煎熬，直到河水退去，交通员和第 3 支队的同志才送来救命的粮食。见面的那一刻，李兆麟已饿得快说不出话来，他声音微弱地问道：“部队都好吧？”此情景让在场的同志们都流下了热泪。

野营整训 斗志弥坚

伯力会议决新策

日本侵略者持续推行“治安肃正”计划，使东北抗联的日子越来越艰难，斗争越来越艰苦。在严峻的形势面前，李兆麟等抗联的高级将领们不断积极寻求新的斗争策略和方式。

早在 1939 年 9 月，第三路军第 6 军政治部主任冯仲云就来到苏联的哈巴罗夫斯克（中国人称其为伯力城），请求苏方协助“召集北满、吉东扩大会议，以便决定吉、北党的统一合并，与第二路军合并和统一”问题。由于有苏方的大力支持，赵尚志、冯仲云很快便在伯力与中共吉东省委书记、第二路军总指挥兼政委周保中会面了。1940 年 1 月 24 日，吉东、北满省委联席代表会议在伯力召开，史称“第一次伯力会议”，会议通过了由周保中起草的《东北抗日救国运动的新提纲草案》。这是一份以党的六届六中全会决议为指导的东北抗联后期斗争纲领性文件。会后，冯仲云返回东北，组织传达了会议精神，并和大家一起学习了毛泽东同志的《论持久战》，这让抗联同志们进一步开阔了眼界，看清了抗日斗争的形势，使大家在被敌伪围困万千重中，看到了全国和东北抗日斗争的胜利曙光。

1940 年秋，苏联远东军与抗联的联络人王新林致信东北抗联和党的领导人，请他们到苏联远东境内举行军队和党的会议，希望解决党组织和目前游击运动的一切问题。这对于与党中央长期失去联系的抗联和中共东北党组织来说，无疑是难得的喜讯。于是，抗联第二路军、第三路军主要领导人，以及第一路军部分干部，于 1940 年年底相继越过边界，进入苏联境内。

1940 年 11 月，李兆麟踏上了赴苏联的征途，经过长途跋涉，终于在 11 月下旬抵达苏联。从高度紧张的作战状态进入一个相对安宁的和平环境，李兆麟的心里没有片刻放松，他来不及休息，就利用这一难得的可以静心思考的时间，起草了《关于抗联第三路军一九四〇年度平原游击战的总结》，12 月 8 日又起草了《给负责同志并转中共中央政治局的报告——关于三路军一九四〇年工作问题》，全面总结了第三路军指战员一年来的战斗生活，分析研究了北满抗战的经验教训，以及东北抗日斗争的必胜前途。此外，李兆麟还和其他抗联领导人一起，分析研究了东北抗日斗争的现状和对策，为第二次伯力会议的召开作了充分准备。

1941 年 1 月初至 3 月中旬，第二次伯力会议成功举行。在周保中主持下，抗联领导同志以党的六届六中全会和《东北抗日救国运动的新提纲草案》精神为指导，总结东北抗日斗争的经验教训，从东北敌强我弱的实际情况出发，确定采取主力隐蔽整训、开展小部队活动的斗争策略，并对东北抗联后期活动作了全面部署，后将会议定名为“满洲全党代表会”。由周保中、李兆麟、崔庸健（东北抗联第二路军总参谋长）组成三人团，负责统一领导东北中共党组织和抗联部队。这次会议成为东北抗联后期斗争的指导性会议。

会议结束后，李兆麟率领两位电台报务员，护送两部无线电台，越过中苏边境，返回到黑龙江佛山县。在张祥（后任大连海军学校校长）等几位战士的护送下，向绥棱县东进发，去找第三路军总指挥部。李兆麟带领不到 10 人的小分队，人人浑身“披挂”，每人除一支驳壳枪外，还必须携带近一个月的口粮。此外，小分队还轮换背着两部电台、数块十几斤重的干电池、一挺日本歪把子机枪和 500 发子弹。

虽说已经立春，但北国的春天仍然是漫天大雪，行军极为困难，只能靠滑雪板行进，在灌木丛生、山路崎岖的大山中，不知摔了多少跟头。这样走了半个月才到汤旺河，路程只走了 1/3，粮食却已吃掉了一半。李兆麟对大家说：“我们从今天起，每人每顿只能吃 3 小勺炒面。大家都一样，谁也不能例外，我来给大家分配。同志们有什么意见？”大伙异口同声地表示没有意见。

面对漂着冰排的汤旺河，李兆麟和战友们不顾严寒，涉水过河。可刚走出几步，水就到了腰部，他们的双腿被冰水冻得失去了知觉，只能相互搀扶，艰难过河。道路依然漫长，粮食却日渐减少。3 小勺炒面变成了 2 小勺、1 小勺。李兆麟的圆方形大脸也瘦成了细长脸，但仍和大家一样每餐 1 勺，大家都劝他："首长，你多吃一点吧，你比我们年纪大，身体顶不住，饿坏了首长对革命不利啊！”李兆麟笑着回答："人瘦走起来也轻快，年纪大骨头硬应该少吃些，再说我早已宣布过谁也不能例外。”

由于山路难行，每走一步都要消耗很大体力，再加上吃不饱，行军的速度明显减慢了。一天，走到一个小山岗上，有位战士发现前方有几只狍子在那里吃枯草。李兆麟知道张祥的枪法好，就轻声道："张祥同志，上来打！”张祥不慌不忙地瞄准了一个大个的开了一枪，狍子挣扎了一下，向前一扑，就倒在了雪地里。李兆麟风趣地说："我们命大不该死，山神老爷给我们送来了狍子，大家剥皮，肠子肚子也别扔掉，要吃一顿，但不要吃饱，我们还有一段路程呢。”剥完了狍子皮，还是由李兆麟亲自给大家分配狍子肉。李兆麟边分肉边说：“等抗战胜利的时候，我在哈尔滨大馆子请你们吃大块的肥猪肉。”同志们在欢笑声中憧憬着抗战胜利后的愿景。

大家看到李兆麟分肉时，留给自己的那块明显比别人的小。大家一致同意把那张狍子皮分给首长当褥子用。狍子肉本来就不多，大家省着吃，三四天就吃完了。李兆麟又决定每人每顿吃 1 勺炒面，没过几天，炒面也吃光了。一点吃的东西都没有了，但前面还有好些天的路程，可没有一个人气馁，整天嚼着小树枝上的嫩皮充饥。

一天，到了一个小山沟里，李兆麟对大家说：“今天我请客！”他望着发怔的大伙，继续说：“我请客吃的是上海大馆子里都吃不到的好饭菜。”说着就把战士们给他铺用的那张狍子皮拿出来，用棍子挑着放在火上，把毛烧掉后，用刀子割成小块，放在水里煮，并叫大家把炒面袋翻过来向锅里打一打。大家看着那锅里腾起的热气，口水直往肚子里咽。狍子皮熬好后，每个人分了一碗，大家饥肠辘辘，吃得特别香。看着狼吞虎咽的战士们，李兆麟眼里闪着泪花："多么坚强的抗联战士啊，一个个都是钢筋铁骨的人，压不弯，饿不死，拖不垮。"经过40多天的艰难行军，李兆麟带领小分队终于回到了第三路军总指挥部。

进驻苏联搞整训

李兆麟从苏联返回第三路军总指挥部后，立即召开会议，传达第二次伯力会议精神，研究如何根据会议精神调整斗争策略的问题，最后决定，在主力部队进入隐蔽整训之前，化整为零，组织以小分队的形式，积极主动地开展游击斗争。

在李兆麟的指挥下，虽是小部队开展活动，却频频传来捷报：1941年4月26日，第3支队出动一个分队，焚毁了北安伪警察分所和伪"兴农合作社"，缴获伪币21490元、步枪4支、步枪子弹370发、小米60袋、苞米面50袋。5月23日，第9支队袭击了绥棱县安古镇日本武装开拓团，毙敌10余人，缴获步枪7支、子弹4000余发。6月18日，第3支队又攻打瑷珲县罕达汽镇伪警察中队，毙伤伪警察3人，缴获手枪14支、步枪27支、子弹7000余发，伪币1.1万元及大批粮食被服。8月25日至9月6日，第3支队乘胜前进，在阿荣旗连续摧毁震威庄、毓丰堡、许家围子3个伪警察署。10月上旬，第3支队又先后在骆驼山、石声沟、王家底营子等地出其不意地打击和消灭敌人。其间，他们宣传党的抗日主张和民族政策，争取鄂伦春族群众支持，在其聚居地毕拉河流域建立了后方基地。第9支队以青纱帐为掩护，深入拜泉、克山、讷河、嫩江一带开展游击活动。

战斗更加频繁，生活更加艰苦。部队供应问题常常是最大的问题，有时吃了上顿就没有下顿。马上就要进入冬季了，战士们的冬装还没有着落，就连总指挥李兆麟身上那套旧军装也是破烂不堪。一次，李兆麟的妻子金伯文看到他穿的棉衣实在是太破了，就找来一些旧布块给他缝补起来，足足用了大半夜的时间才算补好。第二天，李兆麟穿着妻子补好的棉衣接见从下江来的交通员。谈完工作后，他见交通员身上穿的还是又旧又破的夹衣，临走时，就将自己身上的那件妻子刚补好的棉衣脱下来，穿到了交通员的身上。李兆麟回来时，妻子金伯文见他穿着一件旧夹衣，纳闷地问道："这是怎么回事，走时还穿着刚补好的棉衣，怎么这一会儿工夫，就成了这个样子？"李兆麟不在意地说："我把棉衣脱给那个交通员了，我看他现在还穿着破旧的单衣，天儿很快就要下雪了，他在外面风餐露宿地到处跑，不穿棉衣怎么能行啊！"说完就难过起来……

李兆麟领导的第三路军在异常艰苦的条件下，仍坚持游击战争，不仅狠狠地打击了敌人的嚣张气焰，也赢得了当地人民群众的大力支持。有的战士忍受不了艰苦的游击战斗生活，有回家的想法，家人知道后，立即劝告说："千万不要回家，好好打日本，等把日本人赶走了，国家才有希望啦！"每天都有群众自发地慰劳游击队，他们拿出自己都舍不得吃的鸡蛋、鹅蛋、甜瓜等送给游击队。通北县有位农民老大爷，因给游击队送饭，被日军抓到后，关进北安监狱进行毒打，他刚被放出来，又要给游击队送饭。老人说：“队伍能不吃饭吗？生死有命，怕什么呀！明天队伍不走的话，还是我送饭。”

敌人对李兆麟领导的第三路军更是闻风丧胆，关东军宪兵司令部在一份文件中记述道：“现在在北安省盘踞最有力的共产匪团，当推张寿篯（李兆麟）所率领的抗联第三路军共产匪了。此等匪团，因过去之东南地区及三江省肃正工作进展关系，乃遁入本省。且其过去富于实战经验，行动执拗果敢，最近更接受苏联的积极领导，特别努力于党军一体的活动，地下工作的展开及扩充。”

1941 年 7 月，日本为配合德意法西斯的侵略行动，为了战争需要，日军不但掠夺中国百姓的口粮，还疯狂“讨伐”东北的抗日武装。北满地区抗联部队在日伪军围攻和追击下频繁作战，不断遭受挫折，人员减少，供给极度困难，处境十分艰险。11 月中旬，鉴于部队困境一时难以转变，为保存实力继续战斗，遵照中共北满省委决定，李兆麟、王明贵等率领第三路军指挥部和第6、第9、第12支队，分别从萝北、乌云、黑河等地过境，进入苏联境内进行整训。留下部分人员，由金策、许亨植继续领导坚持北满抗日斗争。

进入苏联的抗联部队，驻扎在中苏边境两座临时驻屯所里，抗联的同志称之为“野营”。从地理位置上看，这两座兵营确实有点“野”，地处山高林密、人迹罕至的山区，除了送给养的苏军外，其他人很难进去，也不会知道这里还有一批中国抗联官兵。野营有南北之分，北野营位于伯力东北75公里处的苏联境内黑龙江南岸的费雅斯克村，简称A野营，驻军300余人。南野营位于海参崴（符拉迪沃斯托克）和双城子（沃罗什诺夫）之间的一个被当地人称为蛤蟆塘的小地方，简称B野营，驻军近200人。

周保中主持进驻苏联抗联部队的全面工作，李兆麟除继续指挥国内北满游击斗争外，还将主要精力用于协助周保中领导和组织开展驻训部队的政治思想工作。他与周保中商量，要利用这难得的相

对稳定时期，加强部队党组织建设，提高抗联官兵的政治思想觉悟和理论水平；强化军事训练和管理，提升部队整体素质和作战能力，为打败日本帝国主义，赶走日本侵略者做思想和军事上的准备。

李兆麟还根据抗联官兵政治文化水平上的差异，将他们分为甲、乙、丙3个班，因人施教。他亲自给官兵们讲政治课，介绍世界反法西斯战争的情况，讲解国内抗日斗争的形势，学习中国共产党的抗战方针、政策。他还将辗转获得的《新华日报》、毛泽东的《论持久战》《新民主主义论》等油印成小册子，作为政治学习的必读教材。

部队进驻苏联后，在处理中苏两党两军的关系问题上，李兆麟和周保中始终坚持独立自主的立场，从中国革命的全局出发考虑东北问题，部署东北工作。1941年12月25日，他们在致苏联联络官瓦西里（人们称他王新林）的信中申明基本立场："不变更中共党组织系统，不变更中国革命任务——中共党的政治路线……党组织与远东关系问题是以工作必要性而发生。"明确要求，东北党组织和抗日联军"必须稳固自己中国共产党的组织立场，必须认定中共党现阶段的革命政治任务，必须确保中共党和中国革命之系统”。

身在苏联野营的李兆麟，一边组织抗联战士紧张地学习和训练，一边牵挂着北满前线的战友们。抗联主力部队入驻苏联后，北满地区抗日斗争的重任就落在留守的第三路军官兵肩上了。李兆麟通过电台多次与金策、许亨植联系，指示他们一定要将部队化整为零，坚持对敌斗争，以小部队游击活动的形式，起到扰乱敌伪统治、牵制敌伪兵力的重要作用。

金策、许亨植带领留守部队，积极发挥分散游击的优势，抓住有利战机，袭击日伪军的哨所、物资站、警察站、伪行政机关，破坏日军使用的铁路、桥梁以及通信设施等，同时，秘密发展反日会等群众组织，争取更广泛的人民群众参与和支持。在金策和许亨植的领导下，不到一年的时间，抗联留守部队与敌战斗 100 余次。由于敌人始终没有停止对抗联部队的“清剿”，许多抗联战友血洒疆场，献出了宝贵的生命。

1942 年 8 月 3 日，参谋长许亨植带领的小分队在庆城县青峰岭遭敌人包围，他在组织部队突围时，不幸光荣牺牲。当李兆麟得知许亨植牺牲的噩耗时，心如刀绞。他在野营举行追悼大会，沉痛悼念这位与他朝夕相处、共同战斗多年，为打击日本侵略者立下许多战功、为抗联部队建设作出重要贡献的好战友。

1942 年延安整风运动的消息传到正在苏联整训的东北抗日联军，尽管他们与党中央失去联系，仍通过《新华日报》这条了解外部情况的唯一渠道，了解到了整风的动向和信息。在李兆麟和周保中的组织领导下，抗联部队与延安同步开展了整风运动。他们按照“反对主观主义以整顿学风，反对宗派主义以整顿党风，反对党八股以整顿文风”的要求，学习马列著作和毛泽东等中共领导人的讲话，进行对照检查，开展批评和自我批评，总结经验，以达到改造思想和整顿三风的目的。同时，总结东北抗日战争经验教训，讨论分析坚持东北抗日斗争的形势任务，提高了政治理论素养和军事谋略水平。经过整风运动，抗联部队的思想得到了整肃，更加坚定地站在了党中央统一领导的旗帜下。

4 月 20 日，李兆麟起草并与周保中联名发表《党组织的改组与集中领导》一文，回顾了东北党组织发展的历史进程，阐明了东北中共党组织在领导东北人民抗日游击运动中的重要地位和作用，并针对党组织建设现状，提出了“改组党和集中领导”“恢复同党中央的联系”“将地方党组织和群众组织与抗联游击队分开”等主张。

为把集中统一领导落到实处，周保中、李兆麟提出建议，将两个野营的抗联部队集中起来进行统一管理，这个建议得到斯大林的首肯。

7 月底，周保中和李兆麟召开抗联干部会议，宣布了部队改编的决定：为了加强军事训练工作，提高战斗力，随时准备给发动侵略战争的日本关东军以有力的回击，根据共产国际的决定，抗联的队伍要全部按照苏军的编制和制度进行改编。从 8 月 1 日起，东北抗日联军改编成教导旅，名义上暂由苏联远东军总部代管，接受苏联远东红旗军独立第 88 旅的番号（又称国际旅），代号 8461 部队，周保中任旅长，李兆麟任政治副旅长。

抗联官兵们虽身在异国他乡，但一天也没有

忘记自己肩上的责任与使命。为了重返东北抗日战场，他们进行了极为严格的军事训练。教导旅成立后，部队军事训练走上了正规化的道路，开始参照苏联远东军司令部颁布的《步兵训练大纲》，结合战时需要和东北游击战争的实际，有计划地系统开展现代化军事训练。军事课程由苏联军官讲授，主要科目有队列、射击、刺杀、投弹、游泳、空降等。除了这些训练大纲规定的项目外，又增加了爆破、驾驶、防化、反坦克等内容，夏季武装泅渡、冬季滑雪也成了必修科目，官兵们每天训练都在8小时以上。除了常规军事训练，还有一部分抗联战士接受苏军的特种训练，专门从事对日侦察活动。训练的内容包括无线电收发报、识图绘图、拍照等特工技能。

9月13日，抗联教导旅召开全体中共党员大会，李兆麟主持会议并作了关于《党组织的改组与集中领导》产生经过的说明，公布了共产国际已经正式批准这一文件的消息，周保中作了《关于留C（苏）中共东北党组织总结状况及改组的报告》。会议选举产生了统一的中共东北党委员会，周保中、李兆麟、崔庸健（抗联教导旅参谋长）、金日成（抗联教导旅第 1 营营长）、王明贵（抗联教导旅第 3 营营长）等被选为执行委员。

率部加入大反攻

东北抗联教导旅，是东北抗日联军的火种，也是中国第一支用苏式装备武装起来的部队。经过长达 3 年的政治、军事整训后，已成长为一支政治思想过硬、具有现代化军事水平的劲旅。

1945 年年初，世界反法西斯战争捷报频传。与日本法西斯进行生死搏斗最早最久的中国人民，也迎来了抗战胜利的曙光。在中国正面战场，自 3 月下旬起，相继展开豫西鄂北会战、湘西会战。在中国解放区战场，八路军、新四军和华南人民抗日武装力量，根据中共中央“消弱日伪，发展我军，缩小敌占区，扩大解放区”的方针，开始在华北、华中、华南各战场，向日伪军发动大规模的攻势作战。

4月23日至6月11日，中国共产党第七次全国代表大会在延安召开，毛泽东和朱德在大会上对东北抗日斗争和东北抗日联军给予了高度评价。大会确立毛泽东思想为党的指导思想，明确了“放手发动群众，壮大人民力量，在我党的领导下，打败日本侵略者，解放全国人民，建立一个新民主主义的中国”的政治路线，指引全国人民为争取抗战彻底胜利而英勇战斗。

为激励抗联官兵随时准备投身光复国土的总决战，抗联教导旅进一步加大了军事训练的力度和针对性，李兆麟和周保中协助苏联远东红军司令部加紧制订反攻东北的计划。

5月8日，德国法西斯宣布无条件投降，这一消息传到抗联教导旅后，野营里一片欢腾。李兆麟立即组织召开动员会、誓师会，抗联教导旅官兵们慷慨激昂地表达了反攻东北的要求和决心。李兆麟和周保中也是兴奋得彻夜难眠，多年的抗战斗争就要看到胜利的希望了，恨不得立即带领部队投入杀敌的战场。他们根据当前的局势和苏联军方的动向，细心地拟制了一份反攻东北的作战计划。

李兆麟和周保中商量决定，先选派部分战士潜回东北，开展敌情侦察，为大部队进攻作好准备。同时派出部分人员到苏军部队进行沟通，担任向导和翻译。潜回东北执行军事侦察任务的抗联战士，有的装扮成猎户，借给日伪军送山货、野味的机会，侦察日军的军事部署、战备情况；有的装扮成山民、挑夫，混入机场、港口、公路、桥梁等重要军事交通要道绘制坐标，并把这些情报及时发到抗联和远东红军司令部。

1945 年 8 月苏军发动进攻之前，苏军最高统帅部印制了日军在东北防御体系的资料图册，下发到连以上干部，人手一册。这份图册详细绘制了日军防御工事结构位置、坚固程度、火力配备等情况，这里面，许多都是抗联侦察人员提供的情报。

7 月末，中共东北党委员会举行全体会议，部署配合苏军反攻东北、恢复与党中央联系等工作，选举周保中、李兆麟等 12 人为东北党委员会委员，同时决定组建 12 个地区委员会，李兆麟被任命为哈尔滨地区负责人，并按照中共东北党委员会的决定，由张寿篯改名为李兆麟。

8月8日，苏联对日宣战。9日零时起，百万苏联红军兵分3路，向日本关东军发起全面进攻，以摧枯拉朽之势长驱直入东北，抗联教导旅派出部分人员随苏军部队一起行动，担任向导。

9日，毛泽东在延安发表《对日寇的最后一战》的声明，号召“中国人民的一切抗日力量应举行全国规模的反攻，密切而有效力地配合苏联及其他同盟国作战”。坚持了14年抗日斗争的东北抗日联军，积极响应党中央、毛泽东的号召。

10日，抗联教导旅野营驻地举行了隆重的反攻誓师大会，周保中、李兆麟、金日成分别讲话致辞，号召东北抗联将士为夺取抗日战争最后胜利英勇战斗、勇往直前。随后，抗联教导旅恢复了与党中央的联系，潜伏于东北各地的抗联小部队，在周保中、李兆麟的指挥下全线出击，东北人民也纷纷揭竿而起，向日本侵略者发起了最猛烈的大反攻。

在中国人民、苏联人民和世界反法西斯力量的共同打击下，日本政府于8月14日决定接受《波茨坦公告》，15日宣布无条件投降，9月2日正式在投降书上签字。至此，中国人民抗日战争取得了最后胜利。李兆麟和全体抗联战士们盼望已久的“夺回我河山”的愿望终于实现了，东北的大好河山回到了祖国的怀抱，全国人民迎来了“民族革命成功日，红旗光灿烂，高歌欢唱奏凯旋”的那一天。

为表彰东北抗联教导旅在中、苏、朝3国人民并肩抗击日本法西斯斗争中的贡献，苏联最高苏维埃决定，授予周保中、李兆麟、金日成、王效明等人“红旗勋章”。

为党战斗 冰城殒难

殚精竭虑建党建军建政

抗日战争胜利后，中共中央随即作出了向东北大举进军，建立巩固的东北根据地的战略部署，并陆续派出大批干部进驻东北。9 月中旬，建立了以彭真为书记的中共中央东北局。

根据当前的形势，抗联教导旅及时调整了战略任务，由反攻东北转为接收东北。周保中、李兆麟等抗联领导人研究提出，抢在国民党之前，控制长春、沈阳、哈尔滨以及部分中小城镇共 57 个战略要点，协助苏军占领和管理新解放的城市，肃清日伪残余和其他反革命分子，广泛争取群众，并迅速开展建党、建军、建政工作，牢固控制东北，为中国共产党建立东北革命根据地奠定基础。

东北党委员会通过了抗联教导旅的提议，并迅速成立了57个工作组分赴东北各大中城市。各工作组组长都以当地苏军卫戍司令部副司令的合法身份，清除日伪残余，宣传组织群众，同时积极与我党的地下工作者取得联系，开展建党、建军、建政工作。

9月5日，当李兆麟重新踏上曾为之浴血奋战的东北大地时，呈现在他眼前的是一幅纷繁复杂的政治图景，尤其是哈尔滨市内的形势十分复杂。许多伪满军警宪特等敌伪残余，由汉奸摇身一变成了所谓的“正统”，他们制造谣言，蛊惑群众，扰乱社会治安，反动活动猖獗，给中共组织的活动开展制造了很多困难。

李兆麟进入哈尔滨后，立即组织成立了抗日联军驻哈尔滨办事处，并担任党政一把手。他利用哈尔滨办事处主任和苏联哈尔滨卫戍司令部副司令的双重身份，为建立东北根据地作准备。他第一时间主持召开抗联干部会议，对当前的严峻形势进行充分估计和分析，指示：“必须抓紧时机，‘抢形势、搭架子’，利用公开的苏军合法身份，迅速到各市县开辟党的工作，建立我党领导下的军队和武装，清剿日伪残余势力、匪特组织，粉碎国民党控制北满的阴谋。”

1945 年 10 月 1 日，滨江省政府成立，李兆麟受党的派遣，以中共代表身份出任副省长，兼任中苏友好协会会长。在党内，李兆麟为中共哈尔滨市委常委。历经战争洗礼的李兆麟，对军事工作的重要性有着清醒而深刻的认识。从进驻哈尔滨那天起，他就把建立和发展人民武装作为头等大事。10 月 14 日，组建了哈尔滨保安总队，下设 3 个保安大队，共 500 多人。这是一支由中国共产党领导的重要武装力量，对顺利接管哈尔滨市，巩固抗日胜利的成果发挥了重要作用。

李兆麟还利用担任副省长的身份，取缔了国民党反动派在哈尔滨市道外区拼凑起来的“滨江省保安总队”，并将其缴械。李兆麟在领导抗联干部开展建军工作的同时，还积极协助从关内派驻东北干部组建人民武装。9月中旬，晋察冀边区派干部王堃骋（后任嫩江省工委书记）等19名干部来东北工作。10月23日，在李兆麟的协助下，他们顺利抵达北安，开始在当地组建人民武装，但因缺乏武器，工作极为困难。王堃骋立即到哈尔滨向李兆麟汇报，李兆麟热情接待并向他介绍了抗联部队14年抗日斗争情况，利用自己在苏军中的关系，从日伪军武器库中搞到一批武器，并招收了一批可靠的失业工人，乘火车将武器押送到北安，帮助他们组建了北安人民自卫武装。在李兆麟和其他同志的共同努力下，北满建军工作取得很大成绩。当年年底，北满地区发展新部队2.53万余人。按照中共东北党委员会和抗联教导旅的部署，建党工作是抗联配合苏军反攻、为建立东北根据地担任先遣队的重要任务。进入哈尔滨后，李兆麟立即组建了中共松江地区委员会，负责领导以哈尔滨为中心的原伪满滨江省工作。此后，李兆麟又将抗联干部派往各地，先后组建了哈尔滨、齐齐哈尔两个市委和珠河、阿城等县委，初步建立了抗战胜利后中国共产党在北满地区的组织体系。

11月中旬，以陈云为书记的中共中央东北局北满分局成立，李兆麟任委员。该分局在陈云书记的领导下，组织开展“三建”、恢复生产和对敌斗争等活动。根据形势的发展，11月16日中共中央东北局决定成立松江军区，李兆麟兼任副政委。

由于身兼数职，李兆麟的工作更加繁忙，他一面配合苏联红军维持地方治安，着手接管日伪政权，收缴敌伪物资，肃清敌伪残余势力；一面建立民众团体，恢复社会秩序，振兴贸易，安定民生。同时，他还组织筹集武器装备，迎接和转送党中央派往北满、西满地区的大批干部和军队，协调做好保卫、联络和物资装备供应等工作。

11月底，根据中共中央“让开大路、占领两厢”的指示，中国共产党和人民军队主动撤出沈阳、长春、哈尔滨等大中城市。为了全局利益和为最后的胜利准备条件，滨江地区工委召开会议，决定工委和军区领导机关撤出哈尔滨，迁到宾县蜚克图。李兆麟根据当时形势和任务的需要，决定辞去副省长的职务，留任中苏友好协会会长，以中共代表的身份留在哈尔滨，组织各类进步团体与敌人斗争。

为正义而斗争

抗战虽已胜利，但东北人民仍处于决定命运的历史关头。蒋介石为了窃夺人民经过 14 年斗争取得的胜利果实，在美帝国主义的支持下，从陆、海、空三路向东北大举进军。11 月下旬，国民党军侵占了山海关。这时，控制哈尔滨市的国民党反动派气焰更加嚣张，使我党在哈尔滨的活动受到很大威胁。

面对国民党反动派卖国、内战、独裁的阴谋，李兆麟坚决执行党中央“巩固国内团结，保证国内和平，实现民主，改善民生，以便在和平民主团结的基础上，实现全国统一，建立独立自由与富强的新中国”的指示，以哈尔滨为中心，团结一切爱国民主力量，致力于建立争取和平民主的统一战线。

作为东北抗联特别是北满地区主要领导人，早在对日反攻前夕，李兆麟就已经考虑东北的前途问题。他反复告诫同志们："东北沦亡是由蒋介石的不抵抗主义造成的，整个抗战期间，国民党没派一兵一卒在东北抗战，因之国民党没有理由到东北当家作主，我们应该是无情地揭露国民党出卖东北的真面目，不许他们欺骗东北人民。"在当时的历史条件下，群众大会是接触、教育群众的主要途径之一，李兆麟多次出席哈尔滨各界群众的集会，宣传党的政治主张，教育发动群众为争取和平民主而斗争。

1945年9月，李兆麟来到哈尔滨道外八区广场，出席哈尔滨市各界人民庆祝抗战胜利大会，他在大会上发表讲话，指出："摆在东北人民面前的是建立幸福、自由的新东北，动员起来，壮大自己的力量，扫除一切障碍，实现自己的迫切要求，建立自己所需要的秩序，一切权力应该归于人民。"随后，李兆麟又出席了哈尔滨市知识分子代表大会，高度评价"知识分子是建设我们伟大祖国的宝贵财富，是通往共产主义的重要桥梁"，号召"在工人阶级的先锋队——中国共产党的领导下，捧出你们的全部知识和智慧，献给我们伟

哈爾濱道外八區各

大祖国的建设事业吧”！

李兆麟在北满领导抗联英勇抗战14年，早已将自己的血脉融入这块黑土地，他在北满特别是哈尔滨人民的心目中享有崇高的威望，北满人民信任他，欢迎他，甚至有的人听说李兆麟回来了，特地跑来要见他，见面后抱头痛哭。李兆麟又回来了，每天来看望他的人川流不息，可不管多忙，他总是抽出时间热情地接待，听听他们的心声和诉求，了解他们的疾苦，力所能及地帮助解决困难。今天，终于可以以实际行动履行年幼时立下的“要给老百姓办好事”的誓言了。

1946年1月，根据雅尔塔协定的要求，国民党政府派来了松江省省长关吉玉、哈尔滨市市长杨绰庵、警察局局长朱秀豪等人，来接收哈尔滨。这伙“接收大员”在接收后的4个多月时间里，早把“工厂开工、商店开业、大家先有日子过”的许诺弃之脑后，除了勾结汉奸土匪、策划反共内战外，便是忙于房子、票子、金子、女子等“五子登科”，极尽“刮地皮”“劫搜”之能事。哈尔滨民怨沸腾，编唱的歌谣表达了对国民党反动派的愤恨和无奈："想中央，盼中央，中央来了更遭殃；想接收，盼接收，接收来了更难受。"

面对"接收大员"的倒行逆施，李兆麟接连组织召开哈尔滨青年、妇女、教职员、文艺工作者、新闻界、工商界的座谈会，发动各界群众通过合法途径，向国民党松江省、哈尔滨市当局提出肃奸清匪、改善民生、和平民主等要求。

为了更广泛地唤起人民群众的觉醒，揭露国民党反动派和蒋介石假和平搞分裂的阴谋，李兆麟认识到，必须运用宣传工具，抢占舆论阵地。于是，他找到原在伪满"哈尔滨中央放送局"当播音员，日本投降后，在新成立的哈尔滨广播电台当台长的赵乃禾，提出要加强宣传中国共产党为实现和平民主、建立新民主主义新中国政治主张内容的广播，赵乃禾即时组织播放了毛泽东的《新民主主义论》《论联合政府》等，以及李兆麟组织撰写的宣传党的方针、政策的文章。在李兆麟领导下，哈尔滨广播电台巧妙应对错综复杂的敌我形势，坚决抵御国民党"接收大员"的威胁利诱，成了中国共产党在哈尔滨最可靠的宣传阵地。

李兆麟还主持创办了中苏友协机关报《北光日报》，由爱国青年马英林任社长，李兆麟为创刊号题词："为中苏友好团结而斗争。"此后，李兆麟在该报发表了多篇文章，仅 1946 年 1—2 月就有 10 多篇，这些文章对哈尔滨乃至整个北满人民产生了积极影响。

针对国民党反动派为霸占东北，极力抹杀东北人民抗战历史的卑劣行径，抗联主要领导同志周保中、李兆麟、冯仲云等纷纷著书撰文，以亲身经历介绍东北人民 14 年不屈不挠抗战的光荣历史，驳斥国民党反动派的信口雌黄。1946 年 1 月 11 日，李兆麟在《北光日报》头版发表《东北抗日联军苦斗史》。这是抗战胜利后回忆抗联历史的第一篇文章，不仅用铁的事实教育和鼓舞了民众，也给国民党反动派以有力回击。

《北光日报》注重发挥中苏友协机关报的优势，采取迂回方式，揭露国民党反动派卖国、独裁、内战的真面目，宣传中国共产党和平、民主、团结的政治主张，以及苏联社会主义建设及抗击法西斯侵略的成就，受到哈尔滨人民的广泛青睐和认可。

李兆麟还积极在工人、绅商、文艺工作者和青年中间开展革命活动。在和他们的接触中，李兆麟回顾14年的苦难和与敌苦斗史，提出：“现在东北虽然光复了，但我们不能忘记过去那段悲惨的遭遇。作为中华民族的一员，我们人人都有责任来报效国家，支援部队。”

在他的倡导下，哈尔滨市音乐工作者成立了一个音乐研究普及会，当地进步青年以此为平台，多次组织歌咏活动，演唱《黄河大合唱》等关内革命歌曲，以及反映东北人民抗日斗争的《流亡三部曲》《露营之歌》，令哈尔滨人民耳目一新。

2月，李兆麟给哈尔滨医科大学即将毕业的学生写了一封亲笔信，信中说：“同学们，你们现在已毅然踏上了进步的途径探求真理的大道。”并告诫大家，“要加倍警惕，绝不能让此微微的胜利冲昏头脑，要用斗争来巩固和平。”这是他留给哈尔滨青年和学生们的宝贵嘱咐。

李兆麟组织开展的这些舆论宣传教育活动，为在敌伪统治下被欺骗蒙蔽、奴化教育长达14年的哈尔滨人民，乃至整个北满人民打开了一个新天地，使他们接受革命思想的洗礼，有效清除日本法西斯殖民思想文化的余毒，及时纠正了一度弥漫于当地人民群众心中的盲目正统观念，以及对蒋介石不切实际的幻想，为以后积极支援人民解放军英勇作战、推翻国民党反动统治奠定了思想文化基础。

李兆麟一直以公仆之心为人民群众办事效力，并经常告诫自己和抗联的同志们："老百姓还没有翻身，咱们要艰苦奋斗呵！"他处处以身示范，对自己的要求更是"苛刻"。李兆麟住在一栋陈旧的楼房里，一张木板桌，两把旧木椅，还有两个装着书籍文件的木箱子，他在两个木箱之间搭上木板，铺上草垫子，作为床铺，这就是他的"官邸"的全部陈设。警卫员看不下去，就劝他换张像样的床，他风趣地说："这不挺好嘛，想当年打游击的时候，我们哪里睡过这么好的床呵！"

李兆麟穿着十分简朴，只有两件像样的衣服，一套西装和一套中山服，这也是为了公务活动的需要才置办的。他穿的袜子总是补了又补，直到无法再补为止。老百姓称颂李兆麟为“东北历史上，没有你这样廉洁的官吏——不，公仆”。李兆麟用实际行动树立了共产党干部在人民群众心中的良好形象，这是哈尔滨人民给予的鉴定。

1946 年 3 月 8 日，哈尔滨举行庆祝三八国际妇女节大会。这是哈尔滨光复后，妇女们第一次庆祝自己的节日。李兆麟于节日前写下了“女同胞们！团结起来为自己的解放而奋斗”的题词。庆祝大会上，国民党省市官员继续鼓吹三纲五常，否认男女不平等和妇女受到压迫现象，甚至对被敌伪奴役 14 年的东北人民冷嘲热讽。

李兆麟应邀出席大会，发表了与国民党官员针锋相对的讲话。他从东北沦陷 14 年的苦难岁月，讲到抗日战争的胜利原因，无情揭露了国民党反动派搞专制独裁、发动内战的阴谋，号召妇女们解放自身，为建立和平、民主、富强的新中国而斗争，提出了哈尔滨妇女解放的 3 项主要任务。他慷慨激昂、触动人心的讲演，多次被全场 1500 多名与会者的热烈掌声打断。

但人们万万没想到，3 月 7 日的题词竟成绝笔，3月8日的庆祝大会，竟是李兆麟最后一次来到他热爱的哈尔滨人民中间。

遭黑手血染水道街

李兆麟为争取和平民主四处奔走，无情揭露了国民党反动派卖国、独裁、内战的真面目，对国民党在东北地区的反动统治构成极大威胁，这让国民党反动派又怕又恨，欲除之而后快。

早在日本投降之际，国民党当局就拟定了其特务组织在东北的整个部署，组建了军统在北满地区的组织“滨江本组”，后来归属哈尔滨市公安局局长余秀豪领导。慑于李兆麟在东北人民中的巨大威望和影响，国民党反动派一边精心策划暗杀阴谋，一边采取威逼利诱的手法，试图争取李兆麟背叛革命，为其所用。国民党“接收大员”甜言蜜语拉拢的同时，特务组织不断投寄装有子弹的恐吓信，但久经生死考验的李兆麟毫不畏惧，一笑置之。

国民党反动派威逼利诱不成，就加紧策划暗杀阴谋。一次，李兆麟参加马迭尔饭店的宴会，特务准备下毒药，企图毒死他，但阴谋未得逞。1945 年 12 月 8 日，特务把哈尔滨日报社的干部李钧误认为李兆麟，将其刺杀在中苏友好协会的门前。随后，特务们又侦察李兆麟所乘汽车的行动路线，企图制造“交通事故”，以达到撞亡或趁乱枪杀的目的，但因司机不断改变行车路线，敌特的暗杀计划又一次落空。

对敌人的暗杀阴谋，李兆麟早就有所察觉，他曾当面质问国民党反动派的特务头子、时任哈尔滨市公安局局长余秀豪：“听说有人要暗杀我，我李某抗日 14 年，对国家对人民有什么罪过？是人就把事情说到当面，干个公开，在背后鬼鬼祟祟搞阴谋算个什么东西！”

李钧被误害后，中国人民救济总会哈尔滨市分会主席何治安曾力劝李兆麟注意安全，尽快离开哈尔滨，李兆麟在感谢他忠告的同时，坚定地说：“我是哈尔滨少数几个公开身份的中共党员之一，党和人民需要我在这个阵地上为民主和平而战，为捍卫人民抗战胜利果实而战，这也是我的坚定信念，就是有再大的危险也不能动摇。抗战 14 年，牺牲了多少战友，想起他们，我更不能退缩。”

就在李兆麟牺牲的前一天晚上，老战友冯仲云还提醒他：“最近，常听到国民党特务放出风声，说要杀你，你可要当心呐！”李兆麟淡淡地一笑说：“如果我的鲜血能擦亮人民的眼睛，唤起人民的觉醒，我的死也是值得的。”他丝毫不把敌人的威胁放在心上，每天仍拼命地工作，哪里需要，他的身影就出现在哪里。他以大无畏的革命气概，不停地战斗在险恶的环境中。

军统“滨江本组”一计不成再生一计。1946 年 3 月 7 日，又精心策划了一套谋杀李兆麟的方案，并组织了预演。他们命令哈尔滨市市长杨绰庵的秘书、已打入中苏友好协会成为会员的国民党特务孙格玲，务必于 8 日三八国际妇女节庆祝大会后，将李兆麟骗至水道街 9 号。

孙格玲闻令而动，在大会期间以会务工作人员身份接触李兆麟，谎称国民党“接收大员”将邀请李兆麟就哈尔滨市国大代表问题进行商议，她本

人也有重要情况报告，请李兆麟于会后前往水道街9号。因李兆麟当天活动已有安排，即予婉言谢绝。孙格玲唯恐阴谋败露，又于午后打电话，称事情紧急，请李兆麟于明日下午一定前来，这更加重了李兆麟对“重要谈判”不可耽搁的错觉，于是当即允诺。

3月9日下午1点，他来到南岗车站街1号参加市委会议，3点半向市委书记钟子云报告说，事先安排了一次会见，经允许后返往中苏友协，行至地段街，其乘坐的一辆缴获日本关东军的旧汽车出了故障，警卫员李桂林留下帮助司机修车，李兆麟改乘路过的马车，回到了中苏友协，当时已近4点。李兆麟见警卫员仍未返回，唯恐有误工作，便决定单独赴约。他在日历上写下“下午三时应邀去水道街商定国大代表”，临走时让秘书转告警卫员，修好汽车回来，立即到水道街9号找他。

李兆麟来到国民党特务早就做了周密准备的客厅，孙格玲一面“热情问候”，一面“献”上准备好的放有毒药的茶水。李兆麟饮下后，感觉“茶”的味道异常，连忙问：“水咋这么咸？”孙格玲忙掩饰道："不会吧，这茶刚冲泡的，可能是稍微有点苦吧？"过了不一会儿，李兆麟感觉不对，又问道："头咋这么晕？"

孙格玲知道药力发作，忙向里屋发出约定暗号"再换一杯吧"，然后迅速起身，下楼逃走。早已埋伏在周边的 3 名特务听到暗号后，立即冲入客厅扑向李兆麟。此时李兆麟尚有知觉，以最后的力量和凶手进行了短暂的搏斗，但终因寡不敌众，中毒昏迷跌倒在地。凶残的敌人用"白骨匕首"，朝他的头部和胸部连刺 7 刀，其中一刀贯穿胸背，即所谓的"七刀八眼"。李兆麟就这样惨遭国民党反动派暴徒杀害。

李兆麟，同日本侵略者浴血奋战 14 年，在枪林弹雨的抗日战场上，征衣和背囊曾多次被敌人子弹打穿，都没有负伤，没想到却在抗战胜利后，牺牲在国民党反动派的魔掌下。

尾声

确认李兆麟被害后，中共哈尔滨市委通过中苏友协，向苏军驻哈司令部交涉破案，向国民党松江省、哈尔滨市当局提出强烈抗议，同时指示中苏友协立即向哈尔滨人民公布这一噩耗。

3 月 14 日，哈尔滨各界人士 90 余人在中苏友协集会，“全场人士鲜有不落泪者”，会议决定成立治丧委员会。15 日，哈尔滨各界又组织成立了善后委员会，并决定改水道街为兆麟街，改道里公园为兆麟公园，设兆麟中小学、纪念学院和图书馆，为李兆麟修建塑像和纪念馆，以示永远纪念。

悲愤难抑的哈尔滨人民通过不同方式，表达对李兆麟的深切怀念。《哈尔滨日报》和《北光日报》刊登追悼稿件百余篇，广播电台也举办了追悼李兆麟的特别节目。中苏友协灵堂和展览室收到挽联和留言千余件。

1946年3月22日，李兆麟的遗体从铁路医院移到中苏友协灵堂。从23日凌晨起，6万哈尔滨市民潮水般地涌向李兆麟的灵堂。李兆麟的遗体安卧在用哈尔滨人民捐献的名贵木材“暴马子”制成的灵柩里。三层塔式灵棚里悬挂着“民族魂”“精神不死”“万世流芳”和“模范的中国共产党员”的巨幅横匾，摆满了花圈和挽联。公祭开始后，先是各界代表恭读祭文，然后群众列队瞻仰遗容，最后到二楼大会议室参观李兆麟生平遗物展览。4名讲解员逢讲必哭，参观者无不泪流满面。

3月24日9时整，汽笛悲鸣，灵车启动，沿途10多万群众夹道相送，随灵车行进的群众队伍长达数里，“李兆麟将军精神不死”“为李兆麟将军报仇”的口号声此起彼伏。10时，灵车缓缓驶入兆麟公园，130多个社会团体和10多万群众聚集在这里，召开了群情激愤而又异常悲壮的追悼大会。正午12时，李兆麟的灵柩临时下葬。长春电影制片厂和苏军摄影师拍摄了纪录影片。

在黎明即将到来的时候，李兆麟用鲜血和生

命践行了自己说过的话，也让人民群众看清了国民党反动派假和平真内战的阴谋。4 月 17 日，松江全省人民代表大会在宾县召开，参加代表 113 人。大会选举产生了以冯仲云为主席的松江省民主政府，并于 23 日通过了《请求人民自卫军进驻哈尔滨以维护哈市人民生命财产案》。哈尔滨市各界名流和社会团体也联名通电，要求国民党军停止北上，并请求民主联军迅速入城“以维治安，而慰民望，不胜迫切待命之至”。在哈尔滨人民心目中，国民党反动派已是声名狼藉、丧尽民心。最后，“接收大员”们只得于 4 月 27 日随苏军撤退，绕道海参崴乘船经上海返回南京。

遵照中共中央和毛泽东指示，北满分局和陈云把握苏军撤退的有利时机，指挥部队于 4 月 28 日拂晓向哈尔滨发动总攻，很快摧毁国民党“地下军”的零星抵抗。就在这一天，哈尔滨回到人民手中。解放了的哈尔滨人民，永远不会忘记李兆麟“驰骋吉、黑边，横扫哈东南”，用 14 年苦战迎来的“民族革命成功日”。

在追悼李兆麟之际，人民曾在他的英灵前发

出了“伸张法纪严惩元凶”的强烈呼声和庄重誓言。国民党反动派为推卸罪责，一方面借悼念之机上演了几幕“老鼠哭猫”的丑剧，同时以油印小报等方式，大肆散布“桃色新闻”“内讧”等谣言。但这一切都是枉费心机，随着哈尔滨的解放和新中国的成立，李兆麟被害的真相很快大白于天下。

李兆麟被害案发生后，党中央和东北局对侦破此案极为重视，彭真和陈云直接领导了破案工作。哈尔滨解放后，市公安局经严密搜寻，1946年5月，马建胤、高庆三两名刽子手先后落网伏法。《解放日报》两次刊发破案经过。8月13日，《东北日报》发表题为《国民党特务罪恶滔天，李兆麟血案获破，乃是军统局有计划有组织的大阴谋》的长文，介绍了布置毒谋、暗杀经过、放走凶手、破获经过。

1948年10月，孙海镜被我军捕获，在此前后，阎钟章、林再春、刘文升、刘明晨、高喜元、阎力维、张立钧等凶犯相继被捕获。1949年10月14日，林再春、阎钟章、刘文升被哈尔滨市政府判处死刑，其他的分别被判 5 年以上或无期徒刑。在谋害李兆麟的刽子手中，余秀豪早在 1948 年年底东北解放之前逃至台湾。孙格玲最后也逃到了台湾。李兆麟被害案的侦破工作，所受重视程度之高、时间之长、力度之彻底、对案犯惩办之严厉，在当时可谓首屈一指。

李兆麟牺牲了，他的鲜血擦亮了人民的眼睛，唤起了人民的觉醒。他用短暂而光辉的一生，为抗战胜利和人民解放立下不朽功勋，党和人民永远不会忘记他。从“年少励志投身革命”到“抗日救国光复山河”，从“为老百姓办好事”，到“以鲜血擦亮人民的眼睛”，李兆麟浴血抗日 14 年，走出了一条为东北解放舍生忘死、为新中国诞生鞠躬尽瘁的光辉人生道路。无论是在抗击日寇枪林弹雨的战场上，还是与国民党反动派你死我活的斗争中，李兆麟从不畏惧，绝不屈服，勇敢战斗，是铁骨铮铮的革命英雄。李兆麟牺牲后，哈尔滨人民敬献的“救国救民精神惊天地，除敌除寇壮志撼山河”的挽联，是对他战斗的一生最为中肯的评价。

英雄喋血，举国哀痛。1946 年 3 月，革命圣地延安和陕甘宁边区军民惊悉李兆麟遇害，群情激愤，强烈抗议国民党反动派杀害李兆麟、破坏和平民主和挑起内战的暴行，誓为东北人民的坚强后盾。晋冀鲁豫根据地军民、晋察冀边区暨张家口市人民、晋绥边区及军区、山东根据地军民等，纷纷采取举行追悼大会、组织公祭、修建纪念塔等形式，深切哀悼和纪念李兆麟。

7 月 26 日，延安隆重举行反内战、反特务，追悼李公朴、闻一多、李兆麟大会，数以万计的各界群众，冒着烈日从四面八方涌向大会剧场。剧场全场挤满，场外的山坳高处也满布人群，悲壮的哀乐声在会场上空久久回荡，益增悲愤。

8 月 12 日，冯仲云、李延禄、王明贵等参加了李兆麟的灵柩正式安葬仪式，战友们围聚在李兆麟灵柩旁拍下了纪念照。15 日，在抗战胜利一周年之际，哈尔滨人民举行了隆重的李兆麟墓碑揭幕仪式。高大的纪念碑上面刻着“民族英雄李兆麟将军之墓”，上面还镌刻着冯仲云手写的碑文。

在对李兆麟的隆重追悼活动中，党中央再次对他作出高度评价，广泛宣传了他的英雄事迹，用铁一般的历史事实揭露了国民党反动派破坏和平民主、坚持内战独裁、制造新的民族危机的罪恶阴谋。

在东北 14 年抗日战争中，李兆麟同金日成、金策、崔庸健等朝鲜战友结下了深厚情谊。1958 年 11 月 27 日，正在广州访问的金日成在周恩来陪同下，亲切接见李兆麟妻子金伯文并赠送礼品，回忆与李兆麟并肩战斗的岁月。1963年6月9日，崔庸健在宴会上接见了金伯文母女。6 月 18 日，在周恩来的陪同下，正在哈尔滨访问的崔庸健来到兆麟公园，向李兆麟墓敬献花圈。20 世纪 90 年代，年逾八旬的金日成把对李兆麟的深情厚谊，倾注在回忆录《与世纪同行》中。

李兆麟等人集体创作的《露营之歌》，成为人们表达追忆和怀念的红色经典。在葬礼上，抗联老战士们与其他送行者，怀着悲痛的心情唱起了《露营之歌》。1946 年 7 月 1 日，为庆祝建党 25 周年，延安新华广播电台首次向全世界播送了《露营之歌》。时隔59年后的2005年，纪念中国人民抗日战争暨世界反法西斯战争胜利60周年大型文艺晚会《为了正义与和平》在北京举行，《露营之歌》再度被隆重唱响。

2009年9月10日，李兆麟被评为“100位为新中国成立作出突出贡献的英雄模范”之一。14日中央政治局常委集体接见“双百”代表及其部分家属，15日党中央举行了“双百”人物代表座谈会，李兆麟之女张卓娅作为家属代表参加上述活动。9月18日，中央电视台播出专题片《人民英雄：抗联英豪——李兆麟》。

自1947年起，哈尔滨人民每年举行祭扫李兆麟墓活动，从未间断过。1986年，辽宁省灯塔县将李兆麟故居公布为文物保护单位，并扩建为纪念馆，树纪念碑一座，碑身正面镌刻“抗日英雄李兆麟”涂金大字。2002年10月，中共辽宁省委命名李兆麟故居为辽宁省首批党史教育基地。2010年10月29日，纪念李兆麟诞辰100周年座谈会在哈尔滨市隆重举行，各界爱国人士与李兆麟后代共聚一堂，共同缅怀李兆麟等抗联老前辈的英雄业绩，激励炎黄子孙为保卫祖国疆土、捍卫祖国尊严、振兴中华民族而努力奋斗。2011 年 4 月 28 日，在纪念哈尔滨解放 65 周年和纪念中国共产党成立 90 周年前夕，坐落在哈尔滨市道里区兆麟街 88 号的李兆麟将军纪念馆正式开馆，以文物、图片、雕塑、影视等多种形式，全面展示了李兆麟将军一生的英雄业绩，功昭后人。

后　记

李兆麟的一生虽然短暂，却在中国革命的历史星空留下了难以磨灭的璀璨印记。他是党的优秀政治工作者、卓越军事指挥员、忠贞不屈的共产主义战士，对中华民族有着无限热爱，对党和人民的事业无限忠诚，为了抗击日本侵略者、捍卫祖国领土和民族尊严，他以身许国，带领东北抗日部队和民众在党的领导下顽强抗战14年，纵横驰骋于白山黑水，浴血奋战，不屈不挠，战斗到底，直至献出宝贵生命，是当之无愧的抗日战将、民族英雄、中国脊梁。

硝烟散去，英雄已逝。但中国人民永远不会忘记为中华民族解放事业作出贡献的英雄们，永远不会忘记为今日和平浴血奋战、以身殉国的烈士们。英雄的故事不会结束，英雄的精神永不过时。新时代呼唤新的英雄，让我们自觉传承弘扬爱国主义和革命英雄主义精神，培养爱国之情，砥砺强国之志，实践报国之行，在新时代坚持和发展中国特色社会主义的伟大实践中书写人生的华彩乐章。

本书在充分吸收借鉴前人研究成果的基础上，结合中国革命发展历史，从李兆麟波澜壮阔的抗日救国人生历程中，选取最具代表性的英雄事迹和最能感动人鼓舞人的英雄故事，在充分尊重史实的前提下，编写成这本故事汇，力求把人物融入历史，把精神贯入故事，把故事汇入时代，让读者更好地走进英雄、感知英雄，在重温那段血雨腥风的岁月中，体悟英雄模范在革命战争年代的那种坚定信仰和伟大精神。在编写过程中，得到军事科学院军队政治工作研究院领导、机关的大力支持，李平、李博、张明金、康月田、赵一平、陈政举、潘泽庆等多位军史专家进行了审读，提出了宝贵的意见。

主要参考的书籍和资料有：当代中国人物传记丛书《李兆麟传》（辽宁社会科学院地方党史研究所著 / 当代中国出版社），《李兆麟传》（赵俊清著/黑龙江人民出版社），100位为新中国成立作出突出贡献的英雄模范人物《李兆麟》（尚金洲编著/吉林文史出版社），中国人民解放军历史资料丛书《东北抗日联军》（中国人民解放军历史资料丛书编审委员会著/白山出版社），《李兆麟传奇》（李燕子著/辽宁少年儿童出版社），中华红色教育连环画《李兆麟》（何国良等绘/河北美术出版社）等。

在此，谨向关心和帮助过的各位领导、专家学者，以及上述作者、编辑致以最诚挚的谢意！

图书在版编目（CIP）数据

李兆麟 / 军事科学院解放军党史军史研究中心编. -- 北京：学习出版社，2022.11

（中华先烈人物故事汇）

ISBN 978-7-5147-1096-0

Ⅰ.①李… Ⅱ.①军… Ⅲ.①李兆麟（1910-1946）—传记 Ⅳ.①K827=6

中国版本图书馆CIP数据核字（2021）第250891号

李兆麟

LI ZHAOLIN

军事科学院解放军党史军史研究中心

责任编辑：朱仕娣　　封面绘画：刘书移
技术编辑：刘　硕　　内文插图：韩新维
美术编辑：杨　洪　　装帧设计：壹读闻话

出版发行：学习出版社
北京市东城区崇外大街11号新成文化大厦B座11层（100062）
010-66063020　010-66061634　010-66061646
网　　址：http://www.xuexiph.cn
经　　销：新华书店
印　　刷：北京中科印刷有限公司

开　　本：787毫米×1092毫米　1/32
印　　张：4.875
字　　数：69千字
版次印次：2022年11月第1版　2022年11月第1次印刷

书　　号：ISBN 978-7-5147-1096-0
定　　价：19.00元